48
Lb 637.

DE
LA MONARCHIE
SELON
LA CHARTE,

PAR

M. LE VICOMTE DE CHATEAUBRIAND,

PAIR DE FRANCE, MINISTRE D'ÉTAT,
CHEVALIER DE L'ORDRE ROYAL ET MILITAIRE DE ST. LOUIS, ETC.,
MEMBRE DE L'INSTITUT ROYAL DE FRANCE.

Le Roi, la Charte et les honnêtes gens.

SEULE ÉDITION avec des Réflexions sur la session de la Chambre de 1815; par les rédacteurs du NAIN JAUNE.

BRUXELLES,

AUGUSTE WAHLEN, IMPRIMEUR-LIBRAIRE,

RUE DE L'ÉVEQUE.

1816.

PRÉFACE.

Si n'étant que simple citoyen, je me suis cru obligé dans quelques circonstances graves d'élever la voix et de parler à ma patrie, que dois-je donc faire aujourd'hui? Pair et ministre d'Etat, n'ai-je pas des devoirs bien plus rigoureux à remplir, et mes efforts pour mon roi ne doivent-ils pas être en raison des honneurs dont il m'a comblé?

Comme pair de France, je dois dire la vérité à la France, et je la dirai.

Comme ministre d'Etat, je dois dire la vérité au roi, et je la dirai.

Si le conseil dont j'ai l'honneur d'être membre, était quelquefois assemblé, on pourrait me dire : « Parlez dans le conseil; » mais ce conseil ne s'assemble pas : il faut donc que je trouve le moyen de faire entendre mes humbles remontrances, et de remplir mes fonctions de ministre.

Si j'avais besoin de prouver par des exemples que les hommes en place ont le droit d'écrire sur les matières d'Etat, ces exemples ne me manqueraient pas : j'en trouverais plusieurs en France, et l'Angleterre m'en fournirait une longue suite. Depuis Bolingbroke jusqu'à Burke, je pourrais citer un grand nombre de lords, de membres de la chambre des communes, de membres du conseil privé, qui ont écrit sur la politique, en opposition directe avec le système ministériel adopté dans leur pays.

Eh quoi! si la France me semble menacée de nouveaux malheurs; si la légitimité me paraît en péril, il faudra que je me taise parce que je suis pair et ministre d'Etat! Mon devoir au contraire est de signaler l'écueil, de tirer le canon de détresse, et d'appeler tout le monde au secours. C'est par cette raison que pour la première fois de ma vie je signe mes titres, afin d'annoncer mes devoirs et d'ajouter, si je puis, à cet ouvrage le poids de mon rang politique.

Ces devoirs sont d'autant plus impérieux, que la liberté individuelle et la liberté de la presse sont suspendues. Qui oserait, qui pourrait parler? Puisque la qualité de Pair de France me donne, en vertu de la Charte, une sorte d'inviolabilité; je dois en profiter, pour rendre à l'opinion publique une partie de sa puissance. Cette opinion me dit: « Vous avez fait des lois qui m'entravent ; » prenez donc la parole pour moi, puisque vous me l'a- » vez ôtée. »

Enfin, le public m'a prêté quelquefois une oreille bienveillante : j'ai quelque chance d'être écouté. Si donc en écrivant je peux faire un peu de bien, ma conscience m'ordonne d'écrire. Quand on remplit de pareils devoirs on est résigné à tout.

Cette Préface se bornerait ici si je n'avais quelques explications à donner.

Le mot de *royaliste*, dans cet ouvrage, est pris dans un sens très-étendu : il embrasse tous les royalistes, quelque soit la nuance de leurs opinions, pourvu que ces opinions ne soient pas dictées par les intérêts moraux et révolutionnaires.

Par *gouvernement représentatif*, j'entends la monarchie telle qu'elle existe aujourd'hui en France, en Angleterre et dans les Pays-Bas, soit qu'on veuille ou qu'on ne veuille pas convenir de la justesse rigoureuse de l'expression.

Quand je parle des fautes, des systêmes, des ordonnances, des projets de loi d'un ministère, je ne fais la part ni du bien ni du mal à chacun des ministres qui composaient ou qui composent ce ministère. Le principe est qu'une mesure ministérielle est l'ouvrage de tous les ministres. Ainsi j'ai blâmé fortement des ministères dans lesquels même j'avais des amis, sans égard à mes affections particulières. Quant aux ministres que j'ai cru devoir faire ressortir de cette loi générale, et que j'ai désignés, ils se reconnaîtront.

DE LA MONARCHIE SELON LA CHARTE.

CHAPITRE PREMIER.

Exposé.

La France veut son roi légitime.
Il y a trois manières de vouloir le roi légitime :
1°. Avec l'ancien régime.
2°. Avec le despotisme.
3°. Avec la Charte.

Avec l'ancien régime, il y a impossibilité : nous l'avons prouvé ailleurs (1).

Avec le despotisme, il faut avoir, comme Buonaparte, six cent mille soldats dévoués, un bras de fer, un esprit tourné vers la tyrannie : je ne vois rien de tout cela. Je sais bien comment on établit le despotisme; je ne sais pas comment on fait un despote dans la famille des Bourbons.

Reste donc la monarchie avec la Charte.

C'est la seule bonne aujourd'hui.

---

(1) Cet ouvrage étant comme la suite des *Réflexions politiques*, par-tout où je me trouverai sur le chemin des mêmes vérités, pour m'épargner les répétitions, je citerai en note *les Réflexions*. Par la même raison, je citerai aussi le rapport fait au roi à Gand; rapport qui découle également des principes posés dans les *Réflexions politiques*.

Ne fut-elle pas bonne, c'est la seule possible; cela tranche la question.

CHAPITRE II.

Suite de l'exposé.

Partons donc de ce point, que nous avons une Charte; que nous ne pouvons avoir autre chose que cette Charte; qu'ainsi il faut prendre notre parti.

Mais depuis que nous vivons sous l'empire de la Charte, nous en avons tellement méconnu l'esprit et le caractère, que c'est merveille.

A quoi cela tient-il ? A ce qu'emportés par nos passions, nos intérêts, notre humeur, nous n'avons presque jamais voulu nous soumettre à la conséquence, tout en disant que nous adoptions le principe; à ce que nous prétendons maintenir des choses contradictoires et impossibles ; à ce que nous résistons à la nature du gouvernement établi, au lieu d'en suivre le cours; à ce que, contrariés par des institutions encore nouvelles, nous n'avons pas le courage de braver de légers inconvéniens, pour acquérir de grands avantages ; en ce qu'ayant pris la liberté pour base de ces institutions, nous nous en effrayons, et nous sommes tentés de reculer jusqu'à l'arbitraire, ne comprenant pas comment un gouvernement peut être vigoureux, sans cesser d'être constitutionnel.

Je vais essayer de poser quelques vérités, d'un usage commun dans la pratique de la monarchie représentative. Je désirerais que cet écrit devînt une espèce de *Vade mecum*, pour tout homme appelé aux affaires. Je traiterai d'abord des *principes* : je tâcherai de montrer ce qui manque à nos institutions, ce qu'il faut créer, ce qu'il faut détruire, ce qui est raisonnable, ce qui est absurde. Je parlerai ensuite des *systèmes* : je dirai quels sont ceux que l'on a suivis jusqu'ici dans l'administration. J'indiquerai le mal : je finirai par offrir ce que je crois être le remède. Au reste, je ne m'écarterai pas des premières notions du sens commun. Mais il paraît que le sens commun est une chose plus rare que son nom ne semble l'indiquer : la révolution nous a fait oublier tant de choses ! En politique comme en religion, nous en sommes au catéchisme.

CHAPITRE III.

Elémens de la Monarchie représentative.

Qu'est-ce que le gouvernement représentatif ? quel est son origine ? comment s'est-il formé en Europe ? comment fut-il établi autrefois en France et en Angleterre ? comment se détruisit-il chez nos aïeux, et pourquoi subsista-t-il chez nos voisins ? par quelles voies y sommes-nous revenus ? Pour toutes ces questions, voyez *les Réflexions politiques*.

Or, le gouvernement établi par la Charte, se compose de quatre élémens : de la Royauté ou de la Prérogative royale, de la Chambre des pairs, de la Chambre des députés, du Ministère. Cette machine, moins compliquée que l'organisation de l'ancienne monarchie avant Louis XIV, est cependant plus délicate et doit être touchée avec plus d'adresse : la violence la briserait ; l'inhabileté en arrêterait le mouvement.

Voyons ce qui manque ou quels embarras se sont rencontrés jusqu'ici dans la nouvelle monarchie.

CHAPITRE IV.

De la Prérogative royale. Principe fondamental.

La doctrine sur la prérogative royale constitutionnelle est : que rien ne procède directement du roi dans les actes du gouvernement, que tout est l'œuvre du ministère, même la chose qui se fait au nom du Roi et avec sa signature, projets de loi; ordonnances, choix des hommes.

Le roi dans la monarchie représentative, est une divinité que rien ne peut atteindre; inviolable et sacrée, elle est encore infaillible; car s'il y a erreur, cette erreur est du ministre et non du roi. Ainsi on peut tout examiner sans blesser la majesté royale, car tout découle d'un ministère responsable.

CHAPITRE V.

Application du principe.

QUAND donc les ministres alarment des sujets fidèles, quand ils emploient le nom du roi pour faire passer de fausses mesures, c'est qu'ils abusent de notre ignorance, ou qu'ils ignorent eux-mêmes la nature du gouvernement représentatif. Le plus franc royaliste dans les chambres, peut sans témérité écarter le bouclier sacré qu'on lui oppose, et aller droit au ministre; il ne s'agit que de ce dernier, jamais du roi.

Et tout cela est fondé en raison.

Car le roi étant environné de ministres responsables, tandis qu'il s'élève au-dessus de toute responsabilité, il est évident qu'il doit les laisser agir d'après eux-mêmes, puisqu'on s'en prendra à eux seuls de l'événement. S'ils n'étaient que les exécuteurs de la volonté royale, il y aurait injustice à les poursuivre pour des desseins qui ne seraient pas les leurs.

Que fait donc le roi dans son conseil? Il juge, mais il ne force point le ministre. Si le ministre obtempère à l'avis du roi, il est sûr de faire une chose excellente, et qui aura l'assentiment générale; s'il s'en écarte, et que, pour maintenir sa propre opinion, il argumente de sa responsabilité, le roi n'insiste plus : le ministre agit, fait une faute, tombe; et le roi change son ministère.

Et quand bien même le roi, dans le conseil, eût

adopté l'avis du ministère; si cet avis entraîne une fausse mesure, le roi n'est encore pour rien dans tout cela : ce sont les ministres qui ont surpris sa sagesse, en lui présentant les choses sous un faux jour, en le trompant par corruption, passion, incapacité. Encore un coup, rien n'est l'ouvrage du roi que la loi sanctionnée, le bonheur du peuple et la prospérité de la patrie.

J'ai appuyé sur cette doctrine, parce qu'elle a été méconnue : on a profité de la passion que la chambre des députés a pour le roi, afin de donner des scrupules à cette chambre admirable. Les députés ont été quelque temps à démêler les véritables intérêts du trône, quand on se servait du nom même du roi, pour l'opposer à ces intérêts. Passons du principe général à quelques détails.

CHAPITRE VI.

Suite de la Prérogative royale. Initiative. Ordonnance du Roi.

La prérogative royale doit être plus forte en France qu'en Angleterre (1); mais il faudra tôt ou tard la débarrasser d'un inconvénient dont le principe est dans la Charte : on a cru fortifier cette prérogative en lui attribuant exclusivement l'initiative, on l'a au contraire affaiblie.

La forme ici n'a pas moins d'inconvéniens que le fond : les ministres apportent aux chambres leur projet de loi dans une ordonnance royale. Cette ordonnance commence par la formule : *Louis, par la grâce de Dieu*, etc. Ainsi les ministres sont forcés de faire parler le roi à la première personne : ils lui font dire qu'il a médité dans sa sagesse leur projet de loi, qu'il l'envoie aux chambres dans sa puissance; puis surviennent des amendemens qui sont admis par la couronne; et la grâce de Dieu, et la sagesse, et

---

(1) *Réflexions politiques.*

la puissance du roi reçoivent un démenti formel. Il faut une seconde ordonnance pour déclarer encore par la grâce de Dieu, la sagesse et la puissance du roi, que le roi (c'est-à-dire le ministère) s'est trompé.

Et voilà comment un nom sacré se trouve compromis. Il est donc nécessaire que l'ordonnance soit réservée pour la loi complète, ouvrage de la couronne assistée des deux autres branches de la puissance législative, et non pour le projet de loi, qui n'est que le travail des ministres.

En tout il faut désormais user des ordonnances avec sobriété : le style de l'ordonnance est absolu, parce qu'autrefois le roi était seul souverain législateur; mais aujourd'hui qu'il a consenti dans sa magnanimité, à partager les fonctions législatives avec les deux chambres, il est mieux, en matière de loi, que la couronne ne parle impérieusement que pour la loi achevée. Autrement vous placez le pair et le député entre deux puissances législatives, la loi et l'ordonnance, entre l'ancienne et la nouvelle constitution, entre ce qu'on doit à la loi comme citoyen, et ce que l'on doit à l'ordonnance comme sujet. Comment alors travailler librement à la loi, sans blesser la prérogative, ou se taire devant la prérogative, sans cesser d'obéir à sa conscience en votant sur les articles de la loi? Le nom du roi mis en avant par les ministres, produirait à la longue l'un ou l'autre de ces graves inconvéniens : ou il imprimerait un tel respect que toute liberté disparaissant dans les deux chambres, on tomberait sous le despotisme ministériel; ou il n'enchaînerait pas les volontés, ce qui conduirait au mépris de cette autorité royale, sans laquelle pourtant il n'est point de salut pour nous.

Rien ne choquerait plus toutes les convenance en Angleterre, si, un membre du parlement s'avisait de citer l'auguste nom du monarque, pour combattre ou pour faire passer un bill.

CHAPITRE VII.

Objections.

Mais si les chambres ont seules l'initiative, ou si elles la partagent avec la couronne, ne va-t-on pas voir recommencer cette manie de faire des lois, qui perdit la France sous l'assemblée constituante?

On oublie dans ces comparaisons si souvent répétées, que l'esprit de la France n'était pas tel alors qu'il est aujourd'hui; que la révolution commençait, et qu'elle finit; que l'on tend au repos comme on tendait au mouvement; que loin de vouloir détruire, la plus forte envie est de réparer.

On oublie que la constitution n'était pas la même, qu'il n'y avait qu'une assemblée ou deux conseils de même nature, et que la Charte a établi deux chambres de principes divers; que ces deux chambres se balancent, que l'une peut arrêter ce que l'autre aurait proposé imprudemment.

On oublie que toute motion d'ordre, faite et poursuivie spontanément, n'est plus possible; que toute proposition doit être déposée par écrit sur le bureau; que si les chambres décident qu'il y a lieu de s'occuper de cette proposition, elle ne peut être développée qu'après un intervalle de trois jours; qu'elle est ensuite envoyée et distribuée dans les bureaux: ce n'est qu'après avoir passé à travers toutes ces formes dilatoires, qu'elle revient aux chambres modifiée, et comme refroidie, pour y rencontrer tous les obstacles, y subir tous les amendemens des projets de loi; encore la discussion peut-elle en être retardée, s'il se trouve à l'ordre du jour d'autres affaires qui aient la priorité.

On oublie enfin que le roi a puissance absolue pour rejeter la loi, pour dissoudre les chambres, si le besoin de l'Etat le requérait.

D'ailleurs, de quoi s'agit-il ? d'ôter l'initiative des lois à la couronne ? Pas du tout : laissez l'initiative à la couronne, qui s'en servira dans les grandes occasions pour quelque loi bien éclatante, bien populaire ; mais donnez-la aussi aux chambres qui l'exercent déjà par le fait puisqu'elles ont le droit de proposition de loi.

Le développement de la proposition est secret, répond-on, et avec l'initiative, la discussion est publique: les assemblées délibérantes ont fait tant de mal à la France, qu'on ne saurait trop se prémunir contre elles.

Mais alors pourquoi une Charte, pourquoi une constitution libre, pourquoi n'avoir pas pris les choses telles qu'elles étaient, un sénat passif, un corps législatif muet? Et voilà comment par une inconséquence funeste, on veut et l'on ne veut pas ce que l'on a.

Sait-on ce qui arrivera si nous ne sommes pas plus décidés dans nos vœux, pas plus d'accord avec nous-mêmes? Ou nous détruirons la constitution (et Dieu sait ce qui en résultera), ou nous serons emportés par elle; prenons-y garde, car, dans l'état actuel des choses, elle est probablement plus forte que nous.

CHAPITRE VIII.

Contre la proposition secrète de la loi.

PROPOSITION secrète de la loi : idée fausse et contradictoire, élément hétérogène dont il faudra se débarrasser. La proposition secrète de la loi ne peut même jamais être si secrète qu'elle ne parvienne au public défigurée: l'iniative franche est de la nature du gouvernement représentatif. Dans ce gouvernement tout doit être connu, porté au tribunal de l'opinion. Si la discussion aux chambres devient orageuse, cinq membres en se réunissant, peuvent, aux termes de l'article 44 de la Charte, faire évacuer les tribunes. On conserverait donc par l'initiative, les avantages du secret sans perdre ceux de la publicité; il n'y a donc rien à gagner à préférer la proposition à l'initiative. C'est vouloir se procurer par un moyen ce qu'on obtient déjà par un autre; c'est compliquer les ressorts, pour se donner ce qu'on peut avoir par un procédé simple et naturel.

L'initiative accordée aux chambres fera disparaître en outre ces définitions de principes généraux, qui, cette année, ont entravé la discussion de chacune de nos lois. On n'entendrait plus parler aussi de l'éternelle doctrine des amendemens. Le bon sens veut que les chambres, admises à la confection des lois, aient le droit de proposer dans ces lois tous les changemens qui leur semblent utiles (exceptés pour le budget, qu'elles ne peuvent qu'accepter ou rejetter, comme je vais le dire.) Vouloir fixer des bornes au droit d'amendement, trouver le point mathématique où l'amendement finit, où la proposition de loi commence ; savoir exactement quand cet amendement empiète, quand il n'empiète pas sur la prérogative ; c'est se perdre dans une métaphysique politique, sans rivage et sans fond.

Permettez l'initiative aux chambres; que la loi, si vous le voulez, puisse être également proposée par le gouvernement, mais sans ordonnance formelle; et toutes ces questions oiseuses tomberont. Au lieu de crier à tout propos à la violation de la Charte, à la violation de la prérogative royale ; au lieu de rejetter un amendement, non parce qu'il est mauvais en lui-même, mais parce qu'il contrarie une théorie, on sera obligé de combattre son adversaire par des raisons prises dans la nature même de la loi proposée. On ne s'accusera plus mutuellement, les uns de rappeller des principes démocratiques, les autres de prêcher l'obéissance passive: les esprits deviendront plus justes, les cœurs plus unis ; il y aura moins de temps perdu.

CHAPITRE IX.

Ce qui résulte de l'initiative laissée aux Chambres.

D'AILLEURS l'initiative laissée aux chambres est

manifestement dans les intérêts du roi : la couronne ne se charge alors que de la proposition des lois populaires, et laisse aux pairs et aux députés tout ce qu'il peut y avoir de rigoureux dans la législation. Ensuite si la loi ne passe pas, le nom du roi ne s'est pas trouvé mêlé à des discussions où souvent le mouvement de la tribune fait sortir de la convenance. D'une autre part, les ministres ne viendront plus violenter votre conscience, en s'écriant: « C'est » à la proposition du roi, c'est sa volonté ; jamais il » ne consentira à cet amendement. » On sait trop ce qui a suivi ces protestations.

Enfin si les ministres sont habiles, l'initiative des chambres ne sera jamais que l'initiative ministérielle, car ils auront l'art de faire proposer ce qu'ils voudront. C'est l'avantage de l'anonyme pour un auteur : si l'ouvrage est bon, l'auteur le réclame après le succès ; s'il ne réussit pas, il le laisse à qui la critique veut le donner. Encore le ministre est-il mieux placé que l'auteur : car bonne ou mauvaise, la loi que ce ministre a chargé ses amis de proposer, doit toujours passer aux chambres, à moins qu'il n'ait adopté *le système de la minorité*, si ingénieusement inventé dans la dernière session. Renoncer à la majorité, c'est vouloir marcher sans pieds, voler sans ailes; c'est briser le grand ressort du gouvernement représentatif; je le montrerai plus loin.

CHAPITRE X.

Où ce qui précède est fortifié.

Voilà les inconvéniens de la proposition secrète de loi par les chambres, et de l'initiative par la couronne ; en voici les absurdités.

Si la proposition passe aux chambres, elle va à la couronne; si la couronne l'adopte, elle revient aux chambres en forme de projet de loi.

Si les chambres jugent alors à propos de l'amender, elle retourne à la couronne qui peut à son tour introduire de nouveaux changemens, lesquels doivent encore être adoptés par les deux chambres, pour être présentés ensuite à la sanction du roi qui peut encore ajouter ou retrancher.

Il y a dans le Riang-Nan, province la plus polie de la Chine, un usage : deux mandarins ont une affaire à traiter ensemble : le mandarin qui a reçu le premier la visite de l'autre mandarin, ne manque pas par politesse, de l'accompagner jusque chez lui; celui-ci à son tour par politesse, se croit obligé de retourner à la maison de son hôte, lequel sait trop bien vivre pour laisser aller seul son honorable voisin, lequel connaît trop bien ses devoirs pour ne pas reconduire encore un personnage si important, lequel...... quelquefois les deux mandarins meurent dans ce combat de bienséance, et l'affaire avec eux (1).

CHAPITRE XI.

Continuation du même sujet.

L'INITIATIVE et la sanction de la loi sont visiblement incompatible; car dans ces cas, c'est la couronne qui approuve ou désapprouve son propre ouvrage. Outre l'absurdité du fait, la couronne est ainsi placée dans une position au-dessous de sa dignité : elle ne peut confirmer un projet de loi, que les ministres ont déclaré être le fruit de ses méditations, avant que les pairs et les députés n'aient examiné, et, pour ainsi dire, approuvé ce projet de loi. N'est-il pas plus noble et plus dans l'ordre que les chambres proposent la loi, et que le roi la juge ? Il se présente alors comme le grand et premier législateur pour dire : « Cela est bon, cela est mauvais; » je veux, ou ne veux pas. » Chacun conserve son rang : ce n'est plus un sujet obscur qui s'avise de

_____
(1) Lettres édif.

contrôler une loi proposée au nom du souverain maître et seigneur.

L'initiative loin d'être favorable au trône, est donc anti-monarchique, puisqu'elle déplace les pouvoirs : les Anglais l'ont très-raisonnablement attribuée aux chambres.

CHAPITRE XII.

Question.

Dans ce gouvernement représentatif, s'écrie-t-on, le roi n'est donc qu'une vaine idole ? on l'adore sur l'autel, mais il est sans action et sans pouvoir.

Voilà l'erreur. Le roi, dans cette monarchie, est plus absolu que ses ancêtres ne l'ont jamais été, plus puissant que le sultan à Constantinople, plus maître que Louis XIV à Versailles.

Il ne doit compte de sa volonté et de ses actions qu'à Dieu.

Il est le chef ou l'évêque extérieur de l'église gallicane.

Il est le père de toutes les familles particulières, en les rattachant à lui par l'instruction publique.

Seul il rejette ou sanctionne la loi : toute loi émane donc de lui ; il est donc souverain législateur.

Il s'élève même au-dessus de la loi, car lui seul peut faire grâce et parler plus haut que la loi.

Seul il nomme et déplace les ministres à volonté, sans opposition, sans contrôle : toute l'administration découle donc de lui ; il en est donc le chef suprême.

L'armée ne marche que par ses ordres.

Seul il fait la paix et la guerre.

Ainsi le premier dans l'ordre religieux, moral et politique, il tient dans sa main les mœurs, les lois, l'administration, l'armée, la paix et la guerre.

S'il retire cette main royale, tout s'arrête.

S'il l'étend, tout marche.

Il est si bien tout par lui-même, qu'ôtez le roi, il n'y a plus rien.

Que regrettez-vous donc pour la couronne ? Seraient-ce les millions d'entraves dont la royauté était jadis embarrassée, et le pouvoir qu'un ministre avait de vous mettre à la Bastille ? Vous vous trompez encore quand vous supposez que la couronne pouvait agir autrefois avec plus d'indépendance ou plus de force qu'aujourd'hui. Quel roi de France dans l'ancienne monarchie aurait pu lever l'impôt énorme que le budget a établi ? Quel roi aurait pu faire usage d'un pouvoir aussi violent que celui dont les lois sur la liberté de la presse, la liberté individuelle et les cris séditieux ont investi la couronne ?

De l'examen de la prérogative royale passons à l'examen de la chambre des pairs.

CHAPITRE XIII.

De la Chambre des Pairs. Priviléges nécessaires.

Si avant d'avoir reçu de la munificence toute gratuite du roi, la haute dignité de la pairie, je n'avais pas réclamé pour la chambre des pairs, ce que je vais encore demander aujourd'hui, une certaine pudeur m'empêcherait peut-être de parler : mais mon opinion imprimée (1) ayant devancé des honneurs qui surpassent de beaucoup les très-faibles services que j'ai pu rendre à la cause royale, je puis donc m'expliquer sans détours.

Il manque encore à la chambre des pairs de France, non dans ses intérêts particuliers, mais dans ceux du roi et du peuple, des priviléges, des honneurs et de la fortune.

Néanmoins dans le rapport que j'eus l'honneur de faire au roi à Gand dans son conseil, en indiquant la nécessité d'instituer l'hérédité de la pairie (tant pour consacrer les principes de la Charte, que pour

---

(1) *Réflexions politiques. Rapport au roi, fait à Gand.*

prouver que l'on voulait sincèrement ce que l'on avait promis) je ne prétendais pas conseiller de faire à la fois tous les pairs héréditaires. Un certain nombre de pairs, pris parmi les anciens et les nouveaux pairs, m'aurait d'abord paru suffire. Le ministère, dont l'ordonnance du 19 août 1815 est l'ouvrage, n'a peut-être pas assez vu tout ce que cette ordonnance enlevait à la couronne. Le roi, providence de la France, et qui, comme cette providence, répand les bienfaits à pleines mains, a consenti à une générosité, toujours au-dessous de sa munificence : il ne s'est rien réservé de ce qu'il pouvait donner. Et pourtant quelle source de récompenses est tarie par l'acte ministériel ! Quel noble sujet enlevé à une noble ambition ! Que n'eût point fait un pair à vie, pour devenir pair héréditaire, pour constituer dans sa famille une si haute et si importante dignité !

La même ordonnance semblerait ôter au roi la faculté de faire à l'avenir des pairs à vie; mais il y a sans doute sur ce point quelque vice de rédaction : la Charte, art. 27, dit positivement : « Le roi peut nommer les pairs *à vie*, ou les rendre héréditaires, selon sa volonté. »

CHAPITRE XIV.

Substitution : qu'elles sont de l'essence de la Pairie.

Je ne répéterai point sur les honneurs et les priviléges à accorder à la pairie, ce que j'ai dit dans les *Réflexions politiques*. J'ajouterai seulement qu'il faudra tôt ou tard rétablir pour les pairs l'usage des substitutions, par ordre de primogéniture. Passées des lois romaines dans nos anciennes lois, mais pour y maintenir d'autres principes, les substitutions entrent dans la constitution monarchique. Le retrait lignager en serait un appendice heureux : inventé à l'époque où les fiefs devinrent héréditaires, il rattacherait la dignité à la glèbe, et la terre noble ferait le noble plus sûrement que la volonté politique :

Stat fortuna domus, et avi numerantur avorum.

Tel est le moyen de rétablir en France des familles aristocratiques, barrières et sauve-garde du trône. Sans priviléges et sans propriétés, la pairie est un mot vide de sens, une institution qui ne remplit pas son but. Si la chambre des pairs a moins d'honneurs et de propriétés territoriales que la chambre des députés, la balance est rompue : le principe de l'aristocratie est déplacé, et va se réunir au principe démocratique dans la chambre des députés. Cette dernière chambre acquerra alors une prépondérance inévitable et dangereuse, en joignant à sa popularité naturelle l'égalité des titres et la supériorité de la fortune.

Quand et comment faut-il exécuter ce que je propose pour la chambre des pairs? On l'apprendra du temps ; mais, quoi qu'on fasse, il faudra en venir là, ou la monarchie représentative ne se constituera pas en France.

Au reste les séances de la chambre des pairs doivent être publiques, sinon par la loi, du moins par l'usage, comme en Angleterre. Sans cette publicité, la chambre des pairs n'a pas assez d'action sur l'opinion, et laisse encore un trop grand avantage à la chambre des députés.

L'intérêt du ministère réclame également cette publicité : l'attaque légale contre les ministres, commence à la chambre des députés, et la défense a lieu dans la chambre des pairs. L'attaque est donc publique, tandis que la défense est secrète? Les principes de deux jurisprudences opposées, sont donc employés dans le même procès? Il y a contradiction dans la loi, et lésion pour la partie.

Quittons la chambre des pairs : venons à la chambre des députés.

CHAPITRE XV.

De la chambre des Députés. Ses rapports avec les ministres.

Notre chambre des députés serait parfaitement constituée si les lois sur les élections et sur la responsabilité des ministres étaient faites ; mais il manque encore à cette chambre la connaissance de quelques-uns de ses pouvoirs, de quelques-unes de ces vérités, filles de l'expérience.

Il faut d'abord qu'elle sache se faire respecter. Elle ne doit pas souffrir que les ministres établissent en principe qu'ils sont indépendans des chambres ; qu'ils peuvent refuser de venir lorsqu'elles desireraient leur présence. En Angleterre, non-seulement les ministres sont interrogés sur des bills, mais encore sur des actes administratifs, sur des nominations, et même sur des nouvelles de gazette.

Si on laisse passer cette grande phrase que les ministres du roi ne doivent compte qu'au roi de leur *administration*, on entendra bientôt par *administration* tout ce qu'on voudra : des ministres incapables pourront perdre la France à leur aise ; et les chambres, devenues leurs esclaves, tomberont dans l'avilissement.

Quel moyen les chambres ont-elles de se faire écouter ? Si les ministres refusent de répondre, elles en seront pour leur interpellation, compromettront leur dignité, et paraîtront ridicules, comme on l'est en France, quand on a fait une fausse démarche.

La chambre des députés a plusieurs moyens de maintenir ses droits : elle tirera ces moyens du temps et des circonstances.

Posons donc les principes :

Les chambres ont le droit de demander tout ce qu'elles veulent aux ministres.

Les ministres doivent toujours répondre, toujours venir, quand les chambres paraissent le souhaiter.

Les ministres ne sont pas toujours obligés de donner les explications qu'on leur demande ; ils peuvent les refuser, mais en motivant ce refus sur des raisons d'État, dont les chambres seront instruites, quand il sera temps. Les chambres traitées avec cet égard n'iront pas plus loin. Lorsqu'un ministre a desiré d'obtenir un crédit de six millions de rentes sur le grand-livre, il a donné sa parole d'honneur, et les députés n'ont pas demandé d'autres éclaircissements. *Foi de gentilhomme* est un vieux gage sur lequel les Français trouveront toujours à emprunter.

D'ailleurs les chambres ne se mêleront jamais d'administration, ne feront jamais de demandes inquiétantes, elles n'exposeront jamais les ministres à se compromettre, si les ministres sont ce qu'ils doivent être, c'est-à-dire maîtres des chambres par le *fond*, et leurs serviteurs par la *forme*.

Quel moyen conduit à cet heureux résultat? le moyen le plus simple du monde : le ministère doit disposer de la majorité, et marcher avec elle ; sans cela point de gouvernement.

Je sais bien que cette espèce d'autorité que les chambres exercent sur le ministère pendant les sessions, rappellent à l'esprit les envahissemens de l'assemblée constituante : mais, encore une fois, toute comparaison de ce qui est aujourd'hui à ce qui fut alors, est boiteuse. L'expérience de nos tems de malheurs n'autorise point à dire que la monarchie représentative ne peut pas s'établir en France : le gouvernement qui existait à cette époque n'était point la monarchie représentative fondée sur ses principes naturels, par la véritable division des pouvoirs. Une assemblée unique, un roi dont le *veto* n'était pas absolu ! Qu'y a-t-il de commun entre la constitution laissée par l'assemblée constituante et l'ordre politique établi par la Charte? Usons de cette Charte : si rien ne marche avec elle, alors nous pourrons affirmer que le génie français est incompatible avec le gouvernement représentatif ; jusques-là nous n'avons pas le droit de condamner ce que nous n'avons jamais eu.

CHAPITRE XVI.

Que la Chambre des Députés doit se faire respecter au dehors par les Journaux.

La chambre des députés ne doit pas permettre qu'on l'insulte *collectivement* dans les journaux, ou qu'on altère les discours de ses membres.

Tant que la presse sera captive, les députés ont le droit de demander compte au ministère des délits de la presse ; car, dans ce cas, ce sont les censeurs qui sont coupables, et les censeurs sont les agens des ministres.

Lorsque la presse deviendra libre, les députés doivent mander à la barre le libelliste, ou le faire poursuivre dans toute la rigeur des lois par-devant les tribunaux.

En attendant l'époque qui délivrera la presse de ses entraves, il serait bon que la chambre eût à elle un journal où ses séances, correctement imprimées, deviendraient la condamnation ou la justification des gazettes officielles.

Mais ce qu'il faut surtout, c'est la liberté de la presse. Que la chambre se hâte de la réclamer : je vais en donner les raisons.

CHAPITRE XVIII.

De la liberté de la presse.

Point de gouvernement représentatif sans la liberté de la presse. Voici pourquoi :

Le gouvernement représentatif s'éclaire par l'opinion publique, et est fondé sur elle. Les chambres ne peuvent connaitre cette opinion, si cette opinion n'a point d'organes.

Dans un gouvernement représentatif, il y a deux tribunaux : celui des chambres, où les intérêts particuliers de la nation sont jugés ; celui de la nation elle-même qui juge en dehors les deux chambres.

Dans les discussions qui s'élèvent nécessairement entre le ministère et les chambres, comment le public connaîtra-t-il la vérité, si les journaux sont sous la censure du ministère, c'est-à-dire, sous l'influence d'une des parties intéressées ? Comment le ministère et les chambres connaîtront-ils l'opinion publique qui fait la volonté générale, si cette opinion ne peut librement s'exprimer ?

CHAPITRE XVIII.

Que la presse entre les mains de la Police rompt la balance constitutionnelle.

Il faut, dans une monarchie constitutionnelle, que le pouvoir des chambres et celui du ministère soient en harmonie. Or, si vous livrez la presse au ministère, vous lui donnez le moyen de faire pencher de son côté tout le poids de l'opinion publique ; et de se servir de cette opinion contre les chambres : la constitution est en péril.

CHAPITRE XIX.

Continuation du même sujet.

Qu'arrive-t-il lorsque les journaux sont, par le moyen de la censure, entre les mains du ministère ? Les ministres font admirer dans les gazettes qui leur appartiennent, tout ce qu'ils ont fait, tout ce qu'ils ont dit, tout ce qu'a fait, tout ce qu'a dit leur parti *intrà muros* et *extrà*. Si, dans les journaux dont ils ne disposent pas entièrement, ils ne peuvent obtenir les mêmes résultats, du moins ils peuvent forcer les rédacteurs à se taire.

J'ai vu des journaux non ministériels suspendus, pour avoir loué telle ou telle opinion.

J'ai vu les discours de la chambre des députés mutilés par la censure, sur l'épreuve de ces journaux.

J'ai vu apporter des défenses spéciales de parler de tel événement, de tel écrit qui pouvait influer sur l'opinion publique d'une manière désagréable aux ministres.

J'ai vu destituer un censeur qui avait souffert onze années de détention comme royaliste, pour avoir laissé passer un article en faveur des royalistes. Mes *j'ai vu* ne finiraient jamais.

Enfin comme on a senti que des ordres de la police, envoyés par écrit aux bureaux des feuilles publiques, pouvaient avoir des inconvéniens, on a tout dernièrement supprimé cet ordre, en déclarant aux journalistes qu'ils ne recevraient plus que des *injonctions verbales*. Par ce moyen les preuves disparaîtront ; et l'on pourra mettre sur le compte des *rédacteurs* des gazettes, tout ce qui sera l'ouvrage des *injonctions ministérielles*.

C'est ainsi qu'à la manière de Buonaparte on trompe les provinces ; c'est ainsi que l'on fait naître une fausse opinion en France, qu'on abuse celle de l'Europe ; c'est ainsi qu'il n'y a point de calomnies dont on n'ait essayé de flétrir la chambre des députés. Si l'on n'eût pas été si contradictoire et si absurde dans ces calomnies ; si après avoir appelé les députés des aristocrates, des ultra-royalistes, des ennemis de la Charte, des *jacobins blancs*, on ne les avait pas ensuite traités de démocrates, d'ennemis de la prérogative royale, de factieux, de *jacobins noirs* ; que ne serait-on pas parvenu à faire croire ?

Il est de toute impossibilité, il est contre tous les principes d'une monarchie représentative de livrer exclusivement la presse au ministère, de lui laisser le droit d'en disposer selon ses intérêts, ses caprices et ses passions, de lui donner le moyen de couvrir ses fautes, et de corrompre la vérité. Si la presse eût été libre, ceux qui ont tant attaqué les chambres, auraient été traduits à leur tour au tribunal de l'opinion ; et l'on aurait vu de quel côté se trouvait l'habileté, la raison et la justice.

Soyons conséquens : ou renonçons au gouvernement représentatif, ou ayons la liberté de la presse : il n'y a point de constitution libre qui puisse exister avec les abus que je viens de signaler.

CHAPITRE XX.

Dangers de la Liberté de la Presse. Journaux. Lois fiscales.

Mais la liberté de la presse a des dangers. Qui l'ignore ? Aussi cette liberté ne peut exister qu'en ayant derrière elle une loi forte, *immanis lex*, qui prévienne la prévarication par la ruine, la calomnie par l'infamie, les écrits séditieux par la prison, l'exil, et quelquefois par la mort : le Code a sur ce point la loi unique. C'est aux risques et périls de l'écrivain que je demande pour lui la liberté de la presse ; mais il la faut cette liberté, ou, encore une fois, la constitution n'est qu'un jeu.

Quant aux journaux qui sont l'arme la plus dangereuse, il est d'abord aisé d'en diminuer l'abus, en obligeant les propriétaires des feuilles périodiques, comme les notaires et autres agens publics, à fournir un cautionnement qui répondrait des amendes, peine la plus juste et la plus facile à appliquer. Je le fixerais au capital que suppose la contribution directe de mille francs que tout citoyen doit payer, pour être élu membre de la chambre des députés. Voici ma raison.

Une gazette est une tribune : de même qu'on exige du député appelé à discuter les affaires que son intérêt comme propriétaire, l'attache à la propriété commune ; de même le journaliste qui veut s'arroger le droit de parler à la France, doit être aussi un homme qui ait quelque chose à gagner à l'ordre public, et à perdre au bouleversement de la société.

Vous seriez par ce moyen débarrassés de la foule

des papiers publics. Les journalistes en petit nombre, qui pourraient fournir ce cautionnement, menacés par une loi formidable, exposés à perdre la somme consignée, apprendraient à mesurer leurs paroles. Le danger réel disparaîtrait : l'opinion des chambres, celle du ministère, et celle du public, seraient connues dans toute leur vérité.

L'opinion publique doit être d'autant plus indépendante aujourd'hui que l'article 4 de la Charte est suspendu. En Angleterre, lorsque l'*Habeas Corpus* dort, la liberté de la presse veille : sœur de la liberté individuelle, elle défend celle-ci tandis que ses forces sont enchaînées, et l'empêche de passer du sommeil à la mort (1).

CHAPITRE XXI.

Liberté de la Presse par rapport aux Ministres.

Les ministres seront harcelés, vexés, inquiétés par la liberté de la presse ; chacun leur donnera son avis. Entre les louanges, les conseils et les outrages, il n'y aura pas moyen de gouverner.

S'ils ont tant de susceptibilité, il faut qu'ils quittent la place. Des ministres véritablement constitutionnels ne demanderont jamais que pour leur épargner quelques désagrémens, on expose la constitution. Ils ne sacrifieront pas aux misérables intérêts de leur amour-propre la dignité de la nature humaine ; ils ne transporteront point sous la monarchie les irascibilités de l'aristocratie. « Dans l'aristocratie, dit
» Montesquieu, les magistrats sont de petits souve-
» rains qui ne sont pas assez grands pour mépriser
» les injures. Si dans la monarchie quelque trait va

---

(1) On se retranche dans la difficulté de faire une bonne loi sur la liberté de la presse. Cette loi est certainement difficile ; mais je la crois possible. J'ai là-dessus des idées arrêtées, dont le développement serait trop long pour cet ouvrage.

» contre le monarque, il est si haut que le trait n'ar-
» rive point jusqu'à lui. Un seigneur aristocratique
» en est percé de part en part. »

Que les ministres se persuadent bien qu'ils ne sont point des seigneurs aristocratiques. Ils sont les agens d'un roi constitutionnel, dans une monarchie représentative. Les ministres habiles ne craignent point la liberté de la presse : on les attaque, et ils survivent : il n'y a pas de mal que cette liberté nous débarrasse du médiocre et de l'incapable.

Sans doute les ministres auront contre eux des journaux qui leur rendront la vie dure, mais ils auront aussi des journaux pour eux ; ils seront attaqués et défendus, comme cela arrive à Londres. Le ministère anglais se met-il en peine des plaisanteries de l'Opposition et des injures du *Morning-Chronicle?* Que n'a-t-on point dit, que n'a-t-on point écrit contre M. Pitt ! Sa puissance en souffrit-elle ? sa gloire en fut-elle éclipsée ?

Que les ministres soient des hommes de talent; qu'ils sachent mettre de leur parti le public et la majorité des chambres ; et les bons écrivains entreront dans leurs rangs, et les journaux les mieux faits et les plus répandus les soutiendront. Ils seront cent fois plus forts, car ils marcheront alors avec l'opinion générale. Quand ils ne voudront plus se tenir dans l'exception, et contrarier l'esprit des choses, ils n'auront rien à craindre de ce que l'humeur pourra leur dire. Enfin, tout n'est pas fait dans un gouvernement pour des ministres : il faut vouloir ce qui est de la nature des institutions sous lesquelles on vit ; et encore une fois, il n'y a pas de liberté constitutionnelle sans liberté de la presse.

Une dernière considération importante pour les ministres, c'est que la liberté de la presse les dégagera d'une responsabilité fâcheuse envers les gouvernemens étrangers. Ils ne seront plus importunés de toutes ces notes diplomatiques, que leur attirent l'ignorance des censeurs, et la légèreté des journaux ; et n'étant plus forcés d'y céder, ils ne compromettront plus la dignité de la France.

CHAPITRE XXII.

La chambre des députés ne doit pas faire le Budjet.

La chambre des députés connaîtra donc ses droits et sa dignité ; elle demandera donc, le plutôt possible, la liberté de la presse : voilà ce qu'elle doit faire. Voici ce qu'elle ne doit pas faire : elle ne doit pas faire un budjet. La formation du budjet appartient essentiellement à la prérogative royale.

Si le budjet que les ministres présentent à la chambre des députés n'est pas bon, elle le rejette.

S'il est bon seulement par parties, elle l'accepte par parties. Mais il faut qu'elle se garde de jamais remplacer elle-même les impôts non consentis, par des impôts de sa façon, ni de substituer au système de finances ministériel son propre système de finances ; voici pourquoi :

Elle se compromet. Le ministre restant est l'exécuteur de ce nouveau budjet; il a à venger son amour-propre, à justifier son œuvre. Dès lors ennemi secret de la chambre, ce ne serait que par une vertu extraordinaire qu'il pourrait mettre du zèle à seconder un plan qui a cessé d'être le sien : il est plus naturel de supposer qu'il entravera, et le fera manquer dans les points les plus essentiels. Puis à la prochaine session il viendra, d'un air modestement triomphant, annoncer à la chambre qu'elle avait fait un excellent budjet, mais que malheureusement il n'a pas réussi ; qu'il y a un déficit de deux millions ; que dans son humble opinion, lui ministre avait pensé que le budjet proposé par le gouvernement était préférable, mais qu'il avait cédé aux lumières supérieures de la chambre ; heureux de faire le sacrifice de son expérience au génie de MM. les députés si éclairés et si bons royalistes !

Qu'est-ce que les députés répondront? Notre budjet, diront-ils, n'était peut-être pas excellent, mais il était meilleur que le vôtre. Soit, répliquera le ministre, mais il y a un déficit : vous ne pouvez vous en prendre qu'à vous-mêmes, et n'avez rien à me reprocher.

On sent quel avantage cette position donne à un ministère mal disposé, comment il peut s'en servir pour calomnier une chambre, pour se confirmer dans de faux systèmes, pour engager des esprits faibles à le suivre.

Règle générale : le budjet doit être fait par le ministère et non par la chambre des députés, qui est le juge de ce budjet. Or, si elle fait le budjet, elle ne peut demander compte de son propre ouvrage ; et le ministère cesse d'être responsable dans la partie la plus importante de l'administration : ainsi les élémens de la constitution sont déplacés.

Mais ces déviations de la ligne constitutionnelle ; ces agitations, ces efforts proviennent, comme tout le reste dans la dernière session, de la lutte du ministère contre la majorité. Que le ministère consente à retourner aux principes, et le budjet convenu d'avance entre lui et la majorité, passera sans altercations : les choses reprendront leur cours naturel ; et l'on sera étonné du silence avec lequel les affaires marcheront en France.

Soit dit ainsi de la prérogative royale de la chambre des députés : parlons du ministère.

CHAPITRE XXIII.

Du Ministère sous la Monarchie représentative. Ce qu'il produit d'avantageux. Ses changemens forcés.

Un avantage incalculable de la monarchie représentative, c'est d'amener les hommes les plus habiles, à la tête des affaires, de créer une hérédité forcée de lumières et de talens. (1)

La raison en est sensible. Avec des chambres, un ministre faible ne peut se soutenir : bientôt il est percé à jour, coulé à fond. Ses fautes rappellées à la tribune, répétées dans les journaux, livrées à l'opinion publique, amènent en peu de temps sa chûte.

Je ne cherche donc point, dans un gouvernement représentatif, de causes trop privées aux changemens des ministres. Quand ces changemens sont fréquens, c'est tout simplement que ces ministres ont embrassé de faux systêmes, méconnu l'esprit public, ou qu'ils ont été incapables de supporter le poids des affaires.

Sous une monarchie absolue, on peut s'effrayer de la succession rapide des ministres, parce que ces révolutions peuvent annoncer un défaut de discernement dans le prince, ou une suite d'intrigues de cour.

Sous une monarchie constitutionnelle, les ministres peuvent et doivent changer jusqu'à ce qu'on ait trouvé les hommes de la chose, jusqu'à ce que les chambres et l'opinion aient fait sortir l'habileté des rangs où elle se tenait cachée. Ce sont des eaux qui cherchent à prendre leur niveau ; c'est un équilibre qui veut s'établir.

Il y aura donc changement, tant que l'harmonie ne sera pas exactement établie entre les chambres et le ministère.

CHAPITRE XXIV.

Le Ministère doit sortir de l'opinion publique et de la majorité des chambres.

Il suit de là que sous la monarchie constitutionnelle, c'est l'opinion publique qui est la source et le principe du ministère, *principium et fons* ; et par une conséquence qui dérive de celle-ci, le ministère doit

---

(1) *Réflections politiques.*

sortir de la majorité de la chambre des députés, puisque les députés sont les principaux organes de l'opinion populaire.

C'est assez dire aussi que les ministres doivent être membres des chambres, parce que représentant alors une partie de l'opinion publique, ils entrent mieux dans le sens de cette opinion, et sont portés par elle à leur tour. Ensuite le ministre-député se pénètre de l'esprit de la chambre, laquelle s'attache à lui par cela seul qu'il est au nombre des ses membres, et qu'il devient le patron naturel des députés.

CHAPITRE XXV.

Formation du ministère : qu'il doit être *un*. Ce que signifie l'Unité ministérielle.

Le ministère une fois formé doit être *un* (1). Cela ne veut pas dire que la différence d'opinions politiques, dans des hommes de mérite, lorsqu'ils sont encore isolés, soit un obstacle à leur réunion dans un ministère. Ils peuvent y entrer, parce qu'on appelle en Angleterre une coalition (2), convenant d'abord entr'eux d'un système général, faisant chacun les sacrifices commandés par l'opinion et la position des affaires. Mais une fois assis au timon de l'Etat, ils ne doivent plus gouverner que dans un même esprit.

L'unité du ministère ne veut pas dire encore que la Couronne ne puisse changer quelques membres du conseil, sans changer les autres ; il suffit que les membres entrant forment un système homogène d'administration avec les membres restant. En Angleterre il y a assez fréquemment des mutations partielles dans le ministère ; et la totalité ne tombe que quand le premier ministre s'en va.

Voici pourtant une différence entre les deux pays :

---

(1) *Réflexions politiques. Rapport au roi.*
(2) M. Canning, qui soutient aujourd'hui le ministère, s'est battu avec lord Castlereagh, pour cause d'opinions politiques.

dans notre caractère et dans nos mœurs, je ne crois pas que l'administration puisse jamais changer toute entière, parce que les ministres se retirent. Jamais un homme en France ne sera le chef d'un assez grand parti, pour que ce parti s'éloigne avec lui. Sous ce rapport, nos révolutions ministérielles seront plus faciles et moins importantes.

CHAPITRE XXVI.

Que le Ministère doit être nombreux.

Le ministère doit être composé d'un plus grand nombre de membres responsables qu'il ne l'est aujourd'hui : il y a tel ministère dont le travail surpasse physiquement les forces d'un homme.

On gagne à augmenter le conseil responsable, 1º de diviser le travail et de multiplier les moyens ; 2º. d'augmenter le nombre des amis et des défenseurs du ministère dans les chambres et hors des chambres ; 3º. de diminuer autour du ministère les intrigues des hommes qui prétendent au ministère, en satisfaisant un plus grand nombre d'ambitions.

CHAPITRE XXVII.

Qualités nécessaires d'un Ministre sous la Monarchie constitutionnelle.

Ce qui convient à un ministre sous une monarchie constitutionnelle, c'est d'abord la facilité pour la parole : non qu'il ait besoin de cette *grande et notable éloquence, compagne de sédition, pleine de désobéissance téméraire et arrogante n'étant à tolérer, aux cités bien constituées* (1) ; non qu'on ne puisse être un homme très-médiocre, avec un certain talent de tribune ; mais il faut au moins que le ministre puisse dire

(1) Dutillet.

juste, exposer avec propriété ce qu'il veut, répondre à une objection, faire un résumé clair, sans déclamation, sans verbiage. Cela s'apprend comme toute chose, par l'usage.

Ce ministre aura du liant dans le caractère, de la perspicacité pour juger les hommes, de l'adresse pour manier leurs intérêts. Toutefois il faut qu'il soit ferme, résolu, arrêté dans ses plans que l'on doit connaître pour les suivre, et pour s'attacher à son système. Sans cette fermeté il n'aurait aucuns partisans: personne n'est de l'avis de celui qui est de l'avis de tout le monde.

CHAPITRE XXVIII.

Qui découle du précédent.

Un tel ministre aura assez d'esprit pour bien connaître celui des chambres et toutes les chambres n'ont pas la même humeur, la même allure.

Aujourd'hui, par exemple, la chambre des députés est une chambre pleine de délicatesse : vous la cabreriez à la moindre mesure qui lui paraîtrait blesser la justice ou l'honneur. Ne croyez pas gagner quelque chose, en engageant dans vos systèmes ses chefs et ses orateurs; elle les abandonnerait: la majorité ne changerait pas, parce que son opposition est une opposition de conscience, et non une affaire de parti. Mais prenez cette chambre par la loyauté, parlez-lui de Dieu, du roi, de la France ; au lieu de la calomnier, montrez-lui de la considération et de l'estime, vous lui ferez faire des miracles. Le comble de la maladresse serait de prétendre la mener, où vous désirez, en lui débitant des maximes qu'elle repousse.

Pensez-vous qu'il soit nécessaire de lui faire adopter quelque mesure dans le sens de ce que vous appelez les *intérêts révolutionnaires ?* gardez-vous de lui faire l'apologie de ces intérêts : dites qu'une fatale nécessité vous presse; que le salut de la patrie exige ces nouveaux sacrifices; que vous en gémissez; que cela vous paraît affreux, que cela finira. Si la chambre vous croit sincère dans votre langage, vous réussirez peut-être. Si vous allez, au contraire, lui déclarer que rien n'est plus juste que ce que vous proposez; qu'on ne saurait trop donner de gages à la révolution, vous remporterez votre loi.

Un ministre anglais est plus heureux : sa tâche est moins difficile : chacun va droit au fait à Londres, pour son intérêt, pour son parti. En France, les places données ou promises ne sont pas tout. L'opposition ne se compose pas des mêmes élémens (1). Une politesse vous gagnera ce qu'une place ne vous obtiendrait pas ; une louange vous acquerra ce que vous n'achèteriez pas par la fortune. Sachez encore *et converser et vivre*: la force d'un ministre français n'est pas seulement dans son cabinet : elle est aussi dans son salon.

CHAPITRE XXIX.

Quel homme ne peut jamais être Ministre sous la Monarchie constitutionnelle.

Partout où il y a une tribune publique, quiconque peut être exposé à des reproches d'une certaine nature, ne peut être placé à la tête du gouvernement. Il y a tel discours, tel mot qui obligeraient un pareil ministre à donner sa démission, en sortant de la chambre. C'est cette impossibilité résultante du principe libre des gouvernemens représentatifs, que l'on ne sentit pas, lorsque toutes les illusions se réunirent, comme je le dirai bientôt, pour porter un homme fameux au ministère, malgré la répugnance trop fondée de la couronne. L'élévation de cet homme devait produire l'une de ces deux choses : ou l'abolition de

---

(1) *Réflexions politiques.*

la Charte, ou la chûte du ministère à l'ouverture de la session. Se représente-t-on le ministre, dont je veux parler, écoutant à la chambre des députés, la discussion sur les catégories, sur le 21 janvier, pouvant être apostrophé à chaque instant par quelque député de Lyon, et toujours menacé du terrible *tu es ille vir!* Les hommes de cette sorte ne peuvent être employés ostensiblement qu'avec les muets du sérail de Bajazet, ou les muets du corps-législatif de Buonaparte.

CHAPITRE XXX.

Du Ministère de la Police. Qu'il est incompatible avec une Constitution libre.

Comme il y a des ministres qui ne peuvent l'être sous une monarchie constitutionnelle, il y a des ministères qui ne sauraient exister dans cette sorte de monarchie : c'est indiquer la police générale.

Si la charte qui fonde la liberté individuelle est suivie, la police générale est sans action et sans but.

Si la liberté individuelle est suspendue par une loi transitoire, on n'a pas besoin de la police générale pour exécuter la loi.

En effet, si les droits de la liberté constitutionnelle sont dans toute leur plénitude, et que néanmoins la police générale se permette les actes arbitraires qui sont de sa nature, tels que suppressions d'ouvrages, visites domiciliaires, arrestations, emprisonnemens, exils, la Charte est anéantie.

La police n'usera pas de cet arbitraire; eh bien, elle est inutile.

La police générale est une police politique; elle tend à étouffer l'opinion ou à l'altérer; elle frappe donc au cœur le gouvernement représentatif. Inconnue sous l'ancien régime, incompatible avec le nouveau, c'est un monstre né dans la fange révolutionnaire de l'accouplement de l'anarchie et du despotisme.

CHAPITRE XXXI.

Qu'un Ministre de la Police générale dans une Chambre des Députés, n'est pas à sa place.

Voyez un ministre de la police générale dans une chambre de députés, qu'y fait-il ? il fait des lois pour les violer, des réglemens de mœurs pour les enfreindre. Comment peut-il sans dérision parler de liberté, lui qui, en descendant de la tribune, va faire arrêter un citoyen ? Comment s'exprimera-t-il sur le budget, lui qui lève des impôts arbitraires dont il ne rend compte à personne, et pour lesquels il devrait être mis en accusation ? Quel représentant d'un peuple, que celui-là qui donnerait nécessairement une boule noire contre toute loi tendant à supprimer les établissemens de jeux, à fermer les lieux de débauche, parce que ce sont les égoûts où la police puise ses trésors ! Enfin, les opinions seront-elles indépendantes en présence d'un ministre qui ne les écoute que pour connaître l'homme qu'il faut un jour dénoncer, frapper ou corrompre ? c'est le devoir de sa place. Véritablement nous sommes ridicules : nous prétendons établir parmi nous un gouvernement constitutionnel, et nous ne nous appercevons seulement pas que nous voulons y faire entrer jusqu'aux institutions de Buonaparte.

CHAPITRE XXXII.

Impôts levés par la Police.

J'AI dit que la police levait des impôts qui ne sont pas compris dans le budjet. Ces impôts sont au nombre de deux : taxe sur les jeux (1), taxe sur les journaux.

La ferme des jeux rapporte plus ou moins : elle s'élève aujourd'hui au-dessus de cinq millions.

La contribution levée sur les journaux, pour être moins odieuse, n'en est pas moins arbitraire.

La Charte, dit, art. 47 : *La chambre des députés reçoit toutes les propositions d'impôts.* Art. 48 : *Aucun impôt ne peut être établi ni perçu, s'il n'a été* CONSENTI *par les deux chambres, et sanctionné par le roi.*

Je ne suis pas assez ignorant des affaires humaines, pour ne pas savoir que les maisons de jeu ont été tolérées dans les sociétés modernes. Mais quelle différence entre la tolérance et la protection ! entre les obscures rétributions données à quelques commis sous la monarchie absolue, et un budget de cinq ou six millions levés arbitrairement par un ministre qui n'en rend point compte ; et sous une monarchie constitutionnelle !

Je le répéterai toujours : donnez-moi le Code de Constantinople si vous voulez ; mais si j'ai la Charte, je prétends qu'elle soit exécutée.

CHAPITRE XXXIII.

Autres Actes inconstitutionnels de la Police.

La police se mêle des impôts : elle tombe comme concussionnaire sous l'article 56 de la Charte, mais de quoi ne se mêle-t-elle pas ? Elle intervient en matière criminelle : elle attaque les premiers principes de l'ordre judiciaire, comme nous venons de voir qu'elle viole le premier principe de l'ordre politique.

A l'art. 64 de la Charte, on lit ces mots : *Les débats seront* PUBLICS *en matière criminelle, à moins que*

---

(1) Il y a aussi une taxe sur les prostituées, mais elle est établie au profit d'une autre police.

cette publicité ne soit dangereuse pour l'ordre et les mœurs, et dans ce cas LE TRIBUNAL LE DECLARE PAR UN JUGEMENT.

Si quelques-uns des agens de la police se trouvent mêlés dans une affaire criminelle, comme complices volontaires, afin de pouvoir devenir délateurs; si dans l'instruction du procès les accusés relèvent cette double turpitude qui tend à les excuser, en affaiblissant les dépositions d'un témoin odieux; la police défend aux journaux de parler de cette partie des débats. Ainsi *l'entière* publicité n'existe que pour l'accusé, et n'existe pas pour l'accusateur; ainsi l'opinion que la loi a voulu appeler au secours de la conscience du juré, se tait sur le point le plus essentiel; ainsi la plus grande partie du public ignore si le criminel est la victime de ses propres complots, ou s'il est simplement tombé dans un piège tendu à ses passions et à sa faiblesse. Et nous prétendons avoir une Charte! et voilà comme nous la suivons!

CHAPITRE XXXIV.

Que la Police générale n'est d'aucune utilité.

Il faudrait, certes, que la police générale rendît de grands services sous d'autres rapports, pour racheter des inconvéniens d'une telle nature; et néanmoins à l'examen des faits, on voit que cette police est inutile. Quelle conspiration importante a-t-elle jamais découverte, même sous Buonaparte? Elle laissa faire le 3 nivôse, elle laissa Mallet conduire M. Pasquier et Savary, c'est-à-dire la police même à la Force. Sous le roi elle a permis pendant dix mois à une vaste conspiration de se former autour du trône : elle ne voyait rien, elle ne savait rien. Les paquets de Napoléon voyageaient publiquement par la poste; les courriers étaient à lui; les frères Lallemand marchaient avec armes et bagages; le Nain Jaune parlait *des plumes de Cannes;* l'usurpateur venait de débarquer dans ce port; et la police ignorait tout. Depuis le retour du roi tout un département s'est rempli d'armes ; des paysans se sont formés en corps, et ont marché contre une ville ; et la police générale n'a rien empêché, rien retrouvé, rien su, rien prévu. Les découvertes les plus importantes ont été dues à des polices particulières, au hasard, à la bonne volonté de quelques zélés citoyens. La police générale se plaint de ces polices particulières ; elle a raison ; mais c'est son inutilité et la crainte même qu'elle inspire, qui les a fait naître ; car si elle ne sauve pas l'état, elle a du moins tous les moyens de le perdre.

CHAPITRE XXXV.

Que la Police générale, inconstitutionnelle et inutile est de plus très-dangereuse.

INCOMPATIBLE avec le gouvernement constitutionnel, insuffisante pour arrêter les complots, lors même qu'elle ne trahit pas, que sera-ce si vous supposez la police infidèle ?

Le secrets du gouvernement sont entre ses mains ; elle connaît les parties faibles, et le point où l'on peut attaquer. Un ordre sorti de ses bureaux, suffit pour enchaîner toutes les forces légales ; elle pourrait même faire arrêter toutes les autorités civiles et militaires, puisque l'article 4 de la Charte est légalement suspendu. Sous sa protection, les malveillans travaillent en sûreté, préparent leurs moyens, sont instruits du moment favorable. Tandis qu'elle endort le gouvernement, elle peut avertir les vrais conspirateurs de tout ce qu'il est important qu'ils sachent. Elle correspond sans danger sous le sceau inviolable de son ministère ; et par la multitude de ses invisibles agens, elle établit une communication depuis le cabinet du roi jusqu'au bouge du fédéré.

Ajoutez que les hommes consacrés à la police sont ordinairement des hommes peu estimables, quelques-uns d'entr'eux, des hommes capables de tout. Que penser d'un ministère où l'on est obligé de se servir d'un infâme tel que Perlet? Il n'est que trop probable que Perlet n'est pas le seul de son espèce. Comment donc encore une fois souffrir un tel foyer de depostisme, un tel amas de pourriture au milieu d'une monarchie constitutionnelle? Comment, dans un pays où tout doit marcher par les lois, établir une administration dont la nature est de les violer toutes? Comment laisser une puissance sans bornes entre les mains d'un ministre, que ses rapports forcés avec ce qu'il y a de plus vil dans l'espèce humaine, doivent disposer à profiter de la corruption, et à abuser du pouvoir?

Que faut-il pour que la police soit habile? Il faut qu'elle paie le domestique, afin qu'il vende son maître, qu'elle séduise le fils, afin qu'il trahisse son père; qu'elle tende des piéges à l'amitié, à l'innocence. Si la fidélité se tait, un ministre de la police est obligé de la persécuter pour le silence même qu'elle s'obstine à garder, pour qu'elle n'aille pas révéler la honte des demandes qu'on lui a faites. Récompenser le crime, punir la vertu, c'est toute la police.

Le ministre de la police est d'autant plus redoutable que son pouvoir entre dans les attributions de tous les autres ministres, ou plutôt qu'il est le ministre unique. N'est-ce pas un roi qu'un homme qui dispose de la gendarmerie de la France, qui lève des impôts, se fait un revenu de 7 à 8 millions dont il ne rend compte à personne? Ainsi tout ce qui échappe aux pièges de la police, vient tomber devant son or, et se soumettre à ses pensions. Si elle médite quelque trahison, si tous ses moyens ne sont pas encore prêts, si elle craint d'être découverte avant l'heure marquée, pour détourner le soupçon, pour donner une preuve de son affreuse fidélité, elle invente une conspiration, immole à son crédit quelques misérables, sous les pas desquels elle sait ouvrir un abîme.

Les Athéniens attaquèrent les nobles de Corcyre, qui chassés par la faction populaire, s'étaient réfugiés sur le mont Istoni. Les bannis capitulèrent, en convinrent de s'abandonner au jugement du peuple d'Athènes : mais il fut convenu que si l'un d'eux cherchait à s'échapper, le traité serait annullé pour tous. Les généraux athéniens devaient partir pour la Sicile ; ils ne se souciaient pas que d'autres eussent l'honneur de conduire à Athènes leurs malheureux prisonniers. De concert avec la faction populaire, ils engagèrent secretement quelques nobles à prendre la fuite, et les arrêtèrent au moment même où ils montaient sur un vaisseau. La convention fut rompue : les bannis livrés aux Corcyréens, et égorgés (1).

CHAPITRE XXXVI.

Moyen de diminuer le danger de la Police générale, si elle est conservée.

Mais il ne faut donc point de police ? Si c'est un mal nécessaire, il y a un moyen de diminuer le danger de ce mal.

La police générale doit-être remise aux magistrats, et émaner immédiatement de la loi. Le ministre de la justice, les procureurs généraux et les procureurs du roi sont les agens naturels de la police générale. Un lieutenant de police à Paris complètera le système légal. Les renseignemens, qui surviendront par les préfets, iront directement au ministre de l'intérieur, qui les communiquera à celui de la justice. Les préfets ne seront plus obligés d'entretenir une double correspondance avec le département de la police et le département de l'intérieur : s'ils ne rapportent que les mêmes faits aux deux ministres, c'est du temps perdu ; s'ils mandent des choses différentes, ou s'ils présentent ces choses sous divers points de vue, selon les principes divers des deux ministres, c'est un grand mal.

---

(1) Thucyd.

C'est assez parler du ministère de la police en particulier, revenons au ministère en général.

CHAPITRE XXXVII.

Principe que tout ministre constitutionnel doit adopter.

Quels sont les principes généraux d'après lesquels doivent agir des ministres ?

Le premier, et le plus nécessaire de tous c'est d'adopter franchement l'ordre politique dans lequel on est placé, de n'en point contrarier la marche, d'en supporter les inconvéniens.

Ainsi, par exemple, si les formes constitutionnelles obligent dans certains détails, à de certaines longueurs, il ne faut point s'impatienter.

Si l'on est obligé de ménager les chambres, de leur parler avec égard, de se rendre à leurs inventions, il ne faut pas affecter une hauteur déplacée.

Si l'on dit quelque chose de dur à un ministre à la tribune, il ne faut pas jeter tout là, et s'imaginer que l'Etat est en danger.

Si, dans un discours il est échappé à un pair, à un député des expressions étranges, s'il a énoncé des principes inconstitutionnels, il ne faut pas croire qu'il y ait une conspiration secrète contre la Charte, que tout va se perdre, que tout est perdu. Ce sont les inconvéniens de la tribune ; ils sont sans remède. Lorsque six à sept cents hommes ont le droit de parler, que tout un peuple a celui d'écrire, il faut se résigner à entendre et à lire bien des sottises. Se fâcher contre tout cela est d'une pauvre tête ou d'un enfant.

CHAPITRE XXXVIII.

Continuation du même sujet.

Le ministère accoutumé à voir nos dernières contitutions, marcher toujours avec l'impiété, et s'appuyer sur les doctrines les plus funestes, a cru mal-à-propos, qu'on en voulait à la Charte, lorsqu'en parlant de cette Charte, on a aussi parlé de morale et de religion. Comme si la liberté et la religion étaient incompatibles! Comme si toute idée généreuse en politique, ne pouvait pas s'allier avec le respect que l'on doit aux principes de la justice et de la vérité! Est-ce donc se jeter dans les réactions, que de blâmer ce qui est blâmable, que de vouloir réparer tout ce qui n'est pas irréparable?

Prenons bien garde à ce qu'on appelle des réactions; distinguons-en de deux sortes. Il y a des réactions physiques et des réactions morales. Toute réaction physique, c'est-à-dire toute voie de fait, doit être réprimée : le ministère, sur ce point, ne sera jamais assez sévère. Mais comment pourrait-il prévenir les réactions morales? Comment empêcherait-il l'opinion de flétrir toute action qui mérite de l'être? Non-seulement il ne le peut pas, mais il ne le doit pas; et les discours qui attaquent les mauvaises doctrines, rétablissent les droits de la justice, louent la vertu malheureuse, applaudissent à la fidélité méconnue, sont aussi utiles à la liberté qu'au rétablissement de la monarchie.

Et à qui prétend-on persuader, d'ailleurs, que les hommes de la révolution sont plus favorables à la Charte que les royalistes? Ces hommes qui ont professé les plus fiers sentimens de la liberté sous la république, la soumission la plus abjecte sous le despotisme, ne trouvent-ils pas dans la Charte deux choses qui sont antipathiques à leur double opinion : un roi, comme républicains; une constitution libre, comme esclaves?

Le ministère croit-il encore la Charte plus en sûreté, quand elle est défendue par les disciples d'une école dont je parlerai bientôt? Cette école professe hautement la doctrine que les deux chambres ne doivent être qu'un conseil passif; qu'il n'y a point de représentation nationale; qu'on peut tout faire avec des ordonnances. Les royalistes ont défendu les vrais principes de la liberté dans les questions diverses qui se sont présentées (notamment dans la loi sur les élections); tandis que la doctrine de la passive obéissance a été prêchée par les hommes qui ont bouleversé la France au nom de la liberté.

Si des ministres pensent donc que, sous l'empire d'une constitution où la parole est libre, ils n'entendront pas des opinions de toutes les sortes; s'ils prennent ces opinions solitaires pour des indications d'une opinion générale ou d'un dessein prémédité, ils n'ont aucune idée de la nature du gouvernement représentatif : ils seront conduits à d'étranges folies, en agissant d'après leur humeur et leurs suppositions. La règle, dans ce cas, est de considérer les résultats et les faits. J'ai cité l'exemple de la loi des élections, et je le citerai encore.

Que la chambre des députés voulût ou ne voulût pas *intérieurement* de la Charte, avait elle, dans la loi des élections, posé les bases de la liberté populaire? Oui. Donc elle avait suivi les principes constitutionnels; donc elle avait travaillé contre elle-même, en admettant qu'elle n'aime pas ces principes ; donc le ministère devait être content, car le résultat était pour lui, quelle que fût l'intention supposée. Un homme d'Etat ne considère que la fin : il ne s'embarrasse pas si la chose qu'il désirait, et qui était bonne, a été produite par les passions ou par la raison, par le calcul ou par le hasard. Si vous sortez des faits en politique, vous vous perdez sans retour.

On sent bien que tout ce raisonnement n'est qu'à *fortiori* ; car la chambre des députés, fidèle à ses sermens, et consacrée au bonheur de la France, aime et maintiendra cette constitution, que le roi regarde comme son meilleur ouvrage.

CHAPITRE XXXIX.

Que le ministère doit conduire ou suivre la majorité.

Les ministres doivent en administration, suivre l'opinion publique qui leur est marquée par l'esprit de la chambre des députés. Cet esprit peut très-bien n'être pas le leur, ils pourraient très-bien préférer un système qui serait plus dans leurs goûts, leurs penchans, leurs habitudes; mais il faut qu'ils changent l'esprit de la majorité, où qu'ils s'y soumettent. On ne gouverne point hors de la majorité.

Je dirai ailleurs comment on est arrivé à cette hérésie politique, que le ministère peut marcher avec la minorité; cette hérésie fut inventée en désespoir de cause, pour justifier de faux systèmes et des opinions imprudemment avancées.

Si l'on dit que des ministres peuvent toujours demeurer en place malgré la majorité, parce que cette majorité ne peut pas physiquement les prendre par le manteau et les mettre dehors, cela est vrai. Mais si c'est garder sa place que de recevoir tous les jours des humiliations, que de s'entendre dire les choses les plus désagréables, que de n'être jamais sûr qu'une loi passera, tout ce que je sais alors, c'est que le ministre reste, et que le gouvernement s'en va.

Point de milieu dans une constitution de la nature de la nôtre : il faut que le ministre mène la majorité ou qu'il la suive. S'il ne peut ou ne veut prendre ni l'un ni l'autre de ces partis, il faut qu'il chasse la chambre ou qu'il s'en aille. C'est à lui de calculer s'il est de force à frapper un coup d'Etat, s'il n'a rien à craindre aux élections pour la tranquillité du pays, s'il a le pouvoir de déterminer ces élections dans le sens qu'il désire, ou si n'étant pas sûr du triomphe, il ne vaut pas mieux ou se retirer, ou revenir aux opinions de la majorité.

Dans ce dernier cas, se décider promptement est chose nécessaire, car il n'est pas bien clair qu'une majorité trop long-temps aigrie et contrariée, consentît à marcher avec le ministère, quand il plairait à celui-ci de rentrer dans la majorité.

CHAPITRE XL.

Que les ministres doivent toujours aller aux chambres.

Autre hérésie : un ministère, dit-on, n'est pas obligé de suivre aux chambres ses projets de lois; il peut très-bien se dispenser d'y venir.

C'est le même principe qui fait dire aussi qu'un ministère n'est point obligé de donner les éclaircissemens que les chambres pouraient desirer; qu'il ne doit compte de rien qu'au roi, etc. (1)

Tout cela est insoutenable et contraire à la nature du gouvernement représentatif. Si un ministre ne daigne pas défendre le projet de loi qu'il a apporté, comment ses amis le défendront-ils? Est-ce avec du dédain et de l'humeur que l'on traite les affaires? Pourquoi est-on ministre, si ce n'est pour remplir les devoirs d'un ministre?

Et qu'ont donc les ministres de plus important à faire que de paraître aux chambres, et d'y discuter les lois? Quoi! ils trouveront plus utile de traiter dans leur cabinet quelques détails d'administration que de veiller aux grandes mesures qui doivent mettre en mouvement tout un peuple?

Si les chambres à leur tour allaient suivre la même méthode, et ne vouloir pas s'occuper des projets de lois, qu'on leur aurait apportés, que deviendrait le gouvernement?

Suivez la dictée du bon sens et les routes battues; revenez à la majorité : vous n'aurez plus de répugnance à vous rendre à des assemblées où vous se-

---

(1) Voyez le chapitre XV.

rez toujours sûrs de triompher, où vous n'aurez à recueillir que des choses agréables.

Les faux systèmes gâtent et perdent tout.

CHAPITRE XL.

Que depuis la restauration une même erreur a été suivie par les trois Ministères.

Mais qu'entends-je par de faux systèmes en administration ? J'entends tout ce qui est contraire au principe des institutions établies, tout ce qui fait qu'une chose doit inévitablement se détruire.

Eh bien, depuis la restauration, une grande et fatale erreur a été constamment suivie : les ministères qui se sont succédé, ont marché sur les mêmes traces, avec les seules différences que les caractères particuliers des ministres apportent dans les affaires publiques.

Avant de passer à l'examen de ces systèmes, il est nécessaire de dire quelque chose de la composition et de l'esprit des trois ministères par qui ces systèmes ont été si malheureusement établis.

CHAPITRE XLII.

Du premier Ministère. — Son esprit.

Lorsqu'en 1814 le ministre des affaires étrangères fut parti pour Vienne, il laissa derrière lui une administration polie, spirituelle, mais incapable de travail, colère comme la faiblesse, portant dans les affaires pour lesquelles elle n'était point faite, cette humeur que nous ressentons lorsque notre secret se découvre, et que notre réputation nous échappe.

Quand on en est venu à ce point, on est bien prêt de se précipiter dans les faux systèmes. Effrayé de l'habileté que demande la direction d'un gouvernement représentatif, incapable de concevoir une vraie liberté, aigri contre une sorte d'opposition que les principes constitutionnels font naître à chaque pas, manquant de force ou d'adresse pour conduire les choses, et se sentant entraîné par elles, on finit par ne vouloir plus les gouverner. Alors on s'en prend à tout ce qui n'est pas soi, à la nature des institutions, aux corps, aux individus, du mécompte qu'on éprouve; et croyant faire une excellente critique de ce que l'on a, lorsqu'on ne fait que montrer sa faiblesse, on laisse périr la France au nom de la Charte.

C'est ce qui arriva au premier ministère. Il ne demanda aucune loi répressive, hors la mauvaise loi contre la liberté de la presse; il ne songea à se garantir d'aucun danger, et lorsqu'on lui disait de prendre telle ou telle mesure, il répondait : la Charte s'y oppose. Une partie du ministère se jeta d'un côté dans les *intérêts révolutionnaires*; de l'autre, dans le système commode de l'impuissance; système qui consiste à ne rien faire du tout : cela fut nommé de la profondeur et du génie.

On vit aussi éclore cette opinion développée depuis dans l'école, que les chambres ne sont qu'un conseil assemblé par le roi, qu'il n'y a point de gouvernement représentatif, que toutes ces comparaisons de la France et de l'Angleterre sont ridicules, qu'on peut très-bien se passer de lois, et gouverner avec des ordonnances.

Les buonapartistes s'arrangèrent parfaitement de ce commentaire de la Charte : il était au moins impolitique, par conséquent il pouvait amener une catastrophe, et ils ne demandaient pas mieux. Si cette application des principes constitutionnels ne produisait pas une crise, elle conduisait au despotisme, et malgré leur premier amour pour la liberté, le despotisme est fort du goût de nos fiers républicains. Ainsi tout était à merveille.

Quand on a assez de lumières pour s'appercevoir qu'on se trompe, et trop de vanité pour en convenir, au lieu de retourner en arrière, on s'enfonce dans ses propres erreurs. C'est la marche et la consolation de l'orgueil. L'esprit du ministère s'exaspéra. Lorsqu'on allait se plaindre d'un mauvais choix, ou proposer un royaliste, on répondait : « Nous irions chercher partout un buonapartiste habile pour le placer, s'il voulait l'être. » Les buonapartistes n'ont pas manqué, et Buonaparte est revenu. Peu-à-peu il fut reconnu qu'aucun homme n'avait de talent, s'il n'avait porté l'aigle ou le bonnet rouge : et cette doctrine transmise soigneusement de ministère en ministère, est devenue aujourd'hui un article de foi.

Et pourtant le ministère qui fonda cette doctrine, comptait parmi ses membres d'excellens royalistes connus par leurs généreux efforts contre la révolution, des hommes d'une conduite pure, d'un caractère désintéressé, et qui n'avaient fléchi le genou devant aucune idole. Ainsi la sentence qu'ils avaient portée retombait sur eux ; car s'étant tenus noblement à l'écart dans les temps de bassesse, ils se déclaraient par leur propre système, incapables d'être ministres : il est vrai que leur exemple a justifié leur doctrine.

Mais l'amour-propre a tant de ressources ! Peut-être ces respectables royalistes, lorsqu'ils parvinrent au pouvoir crurent-ils faire exception à la règle qu'ils avaient posée ; règle qui condamne comme incapables tous les royalistes. Peut-être avertis par leur conscience de leur faiblesse, se dirent-ils à eux-mêmes : Nous n'entendons rien aux affaires ; or, nous sommes les premiers hommes du monde, et surtout les premiers d'entre ceux qui n'ont pas servi la révolution ; donc tous les royalistes sont des imbécilles. La vanité blessée est vindicative, elle égare les esprits les plus droits, elle les précipite dans les opinions les plus contraires à celles qu'ils avaient d'abord adoptées. Quiconque aujourd'hui fait une faute, passe aussitôt dans le système révolutionnaire. Les amours-propres humiliés se donnent rendez-vous sous ce grand abri de tous les crimes et de toutes les folies. Là se rencontrent la plupart des ministres qui ont gouverné la France depuis 1789 jusqu'à 1816. Différens sans doute par une foule de rapports, ils se touchent du moins dans ce point : mécontens d'eux-mêmes et des autres, ils mettent en commun les remords de la médiocrité, et ceux du crime.

CHAPITRE XLIII.

Actes du premier Ministère.

Ce ministère était pourtant trop spirituel pour prétendre marcher sans la majorité : il l'eut, et n'en profita pas. Une seule loi importante, la loi sur la liberté de la presse fut proposée. On ne donna que des motifs puérils pour engager les chambres a la supprimer ; il ne fut question que de l'honneur des femmes, des insultes au pouvoir (c'est-à-dire aux ministres); mais des raisons générales et constitutionnelles, point. Étaient-ce en effet des raisons dignes seulement d'être examinées, pour ceux qui ne voient dans les deux chambres qu'un conseil passif sans action et sans droit? Au reste, la loi ne réprimait rien, et donnait au gouvernement l'apparence de l'arbitraire, en laissant tout empire à la licence.

Quant aux ordonnances, il n'y en eut qu'une remarquable, et, au lieu de régler l'éducation publique, elle la bouleversa.

Les chambres eurent alors l'avantage des bonnes propositions opposées aux mauvais projets de lois. La seule vue vraiment grande et politique autant qu'elle est juste et généreuse, présentée dans la session de 1814, appartient à un maréchal de France.

Le premier ministère fut emporté par la tempête qu'il avait laissée se former ; et cette tempête fut sur le point d'emporter la France.

CHAPITRE XLIV.

Du second Ministère. — Sa formation.

Le principal ministre du premier ministère, fut porté d'un commun accord à la tête du second. La plus belle carrière s'ouvrait devant lui ; il pouvait achever son ouvrage et consolider le trône qu'il avait puissamment contribué à relever. Il lui suffisait de bien sentir sa position, de renoncer franchement à la révolution et aux révolutionnaires, d'embrasser avec franchise la monarchie constitutionnelle, mais en l'assayant sur les bases de la religion, de la morale et de la justice ; en lui donnant pour guides des hommes irréprochables, nécessairement fixés dans les intérêts de la couronne.

Le nom de ce ministre, ses talens, son expérience des affaires, son crédit en Europe, tout l'appelait à remplir ce rôle aussi brillant pour lui, qu'utile à la France. Il aurait joui, dans la postérité, du double éclat de ces hommes extraordinaires qui perdent et qui sauvent les empires. A force de gloire, il eût forcé ses ennemis au silence.

Naturellement enclin à embrasser ce parti, et par l'empire de la haute naissance et par la rare perspicacité de son jugement, il en fut détourné par une de ces fatalités qui changent toute une destinée. Plus habile à juger les choses que les hommes, le malheur voulut qu'il retrouvât ces complaisans qui l'avaient déjà égaré. Le ministre retomba donc sous le joug, et rentra dans des systèmes dont il sentait la nécessité de sortir.

CHAPITRE XLV.

Suite du précédent.

Ces systèmes se fortifièrent encore quand un homme

resté à Paris, fut, par une autre fatalité, jeté dans le ministère.

Ce personnage fameux qui n'avait pris d'abord aucun parti, mais qui dans toutes les chances, voulait se ménager des ressources, faisait porter des paroles à Gand, comme il en faisait probablement porter ailleurs. Une coalition puissante se formait pour lui, à mesure que nous avancions en France. Il ne fut plus possible d'y résister, en approchant de Paris. Tout s'en mêla, la religion comme l'impiété, la vertu comme le vice, le royaliste comme le révolutionnaire, l'étranger comme le Français. Je n'ai jamais vu un vertige plus étrange. On criait de toutes parts que, sans le ministre proposé, il n'y avait ni sûreté pour le roi, ni salut pour la France; que lui seul avait empêché une grande bataille, que lui seul avait déjà sauvé Paris, que lui seul pouvait achever son ouvrage.

Qu'on me permette une vanité: je ne parlerais pas de l'opinion que je manifestai alors, si elle avait été ignorée du public. Je restai seul ou presque seul à Arnouville, de l'avis que, dans aucun cas, il ne fallait admettre un tel ministre; que si jamais on lui livrait la conduite des affaires il perdrait la France, ou ne resterait pas trois mois en place. Ma prédiction s'est accomplie.

Outre les raisons morales qui me faisaient penser ainsi, deux raisons me semblaient sans réplique.

En politique comme en toute chose, la première loi est de vouloir le possible: or, dans la nomination proposée, il y avait deux impossibilités:

La première naissait dans la position particulière où se trouverait le ministre par rapport à son maître;

La seconde venait de cet empêchement constitutionnel qui fait le sujet du trente-neuvième chapitre de cet ouvrage.

Si l'on croyait qu'un homme de cette nature était utile, il fallait le laisser derrière le rideau, le combler de biens, élever sa famille en proportion des services qu'il pouvait avoir rendus, prendre en secret ses conseils, consulter son expérience. Mais faire violence à la couronne pour le porter ostensiblement au ministère, c'était avoir perdu toute faculté de réfléchir.

Je me rappellerai toute ma vie la douleur que j'éprouvai à Saint-Denis. Il était à-peu-près neuf heures du soir : j'étais resté dans une des chambres qui précédait celle du roi. Tout-à-coup la porte s'ouvre : je vois entrer le président du conseil, s'appuyant sur le bras du nouveau ministre. Cette maison abbatiale dont les fondemens furent pour ainsi dire posés avec ceux de la monarchie ; les anciens souvenirs, les souvenirs récens de ces lieux ; le silence du moment ; l'ombre des vieux murs de Saint-Denis s'étendant sur nous et se mêlant aux ténèbres de la nuit ; à quatre pas de là les tombeaux vides de nos rois, occupés seulement par les cendres de Louis XVI......! O Louis-le-Désiré! ô mon malheureux maître vous avez prouvé qu'il n'y a point de sacrifice que votre peuple ne puisse attendre de votre cœur paternel!

CHAPITRE XLVI.

Premier projet du second Ministère.

LE conseil installé, il fallait qu'il adoptât une marche : le nouveau ministre admis voulut lui faire prendre la seule possible dans ses intérêts particuliers. Il sentait l'incompatibilité de son existence ministérielle avec le jeu de la monarchie représentative. Il comprit très-bien que si la force armée *illégitime* et la force politique pareillement *illégitime*, n'étaient pas conservées, sa chûte était inévitable. Il voyait mieux sa position que ceux qui l'avaient servi si chaudement sans trop songer aux résultats ; il savait qu'on ne lutte point contre la force des choses ; et comme il ne pouvait s'amalgamer avec les élémens d'un gouvernement l'égal, il voulut rendre ces élémens homogènes à sa propre nature.

Son plan fut sur le point de réussir : il créa une terreur factice avant que la cour entrât dans Paris. Supposant des dangers imaginaires, il prétendait forcer la couronne à reconnaître les deux chambres de Buonaparte, et à accepter la déclaration des *droits* qu'on s'était hâté de finir. Louis XVIII eût été roi par les constitutions de l'empire : le peuple lui aurait fait la grâce de le choisir pour chef ; il eût daté les actes de son gouvernement de l'an premier de son règne ; les gardes-du-corps et les compagnies rouges eussent été licenciés, l'armée de la Loire conservée ; et la cocarde blanche arrachée à quelques soldats fidèles arrivés de l'exil avec le roi, eût été remplacée par la cocarde tricolore des rebelles, encore armés contre le souverain légitime.

Alors la révolution eût été en effet consommée : la famille royale fût restée là quelque temps jusqu'au jour où le peuple souverain et les ministres plus souverains encore, eussent jugé bon de changer et le monarque et la monarchie. A cette époque la faction révolutionnaire murmurait même quelques mots de la nécessité d'exiler les princes ; le projet était d'exiler le roi et sa famille.

CHAPITRE XLVII.

Suite du premier plan du second ministère.

Cependant on continuait d'être la dupe de tout ce qu'il plaisait au parti de débiter. Les plus chauds royalistes accouraient pour nous dire de la meilleure foi du monde, que si le roi entrait dans Paris avec sa maison militaire, cette maison serait massacrée ; que si l'on ne prenait pas la cocarde tricolore, il y aurait une insurrection générale. En vain la garde nationale passait pardessus les murs de Paris, pour venir protester de son dévouement ; on assurait que cette garde était mal disposée. La faction avait fermé les barrières, pour empêcher le peuple de voler au-devant de son souverain : il y avait conjuration autant contre ce pauvre peuple que contre le roi. L'aveuglement était vraiment miraculeux ; car alors l'armée française, qui aurait pu faire le seul danger, se retirait sur la Loire ; cent cinquante mille soldats étrangers occupaient les postes, les avenues, et les barrières de Paris où ils allaient entrer dans vingt-quatre heures par capitulation, et l'on prétendait toujours que le roi, avec ses gardes et ses alliés, n'était pas assez fort pour pénétrer dans une ville où il ne restait pas un soldat, où il n'y avait plus que des bourgeois fidèles, très-capables à eux seuls de contenir une poignée de fédérés, si ceux-ci s'étaient avisés de vouloir faire un mouvement !

Il se passa cependant quelque chose de bien propre à dissiler les yeux: le gouvernement provisoire fut dissous, mais il le fut par une espèce d'acte (1) d'accusation contre la couronne ; c'était la pierre d'attente sur laquelle on espérait bâtir la révolution remise à l'avenir. Quelques personnes furent un peu étonnées ; mais le ministre ayant assuré qu'il n'avait pas eu d'autre moyen de dissoudre le gouvernement provisoire, on le crut. Or, remarquez que le ministre *lui seul* avait toute la puissance dans ce gouvernement; et que, s'il avait voulu laisser faire, ces directeurs si difficiles à chasser avec cent cinquante mille alliés et toute la maison du roi, auraient été jettés dans la scène par cinquante hommes de la garde nationale.

CHAPITRE XLVIII.

Renversement du premier plan du second Ministère.

Toute cette comédie finit par je ne sais quelle pro-

---

(1) J'ai acheté, dans les rues de Paris, cet acte imprimé pour le peuple, sur papier à *l'aigle*, avec deux ou trois phrases qui ne sont pas dans le *Moniteur*, et où il est dit que les honnêtes gens, *forcés* de s'éloigner, doivent garder leurs bonnes intentions *pour de plus heureux jours*.

vidence : le nouveau directoire, les pairs et les représentans de Buonaparte furent chassés : la maison du roi ne fut point dissoute ; on ne prit point la cocarde tricolore; le drapeau blanc flotta sur les Tuileries ; on entra paisiblement dans Paris; et au grand ébahissement des dupes, jamais le roi ne fut mieux reçu, jamais les gardes-du-corps ne furent mieux accueillis. La prétendue résistance que l'on devait rencontrer ne se montra nulle part ; et les obstacles, qui n'avaient jamais existé, s'évanouirent.

C'était une chose curieuse à observer que l'air stupéfait et un peu honteux, qui régna sur les visages pendant quelque temps dans les sociétés de Paris. Chacun voulait encore, pour se justifier, soutenir que le choix du nouveau ministre était un choix indispensable; mais à mesure que l'opinion de la province et de l'Europe se faisait connaître (et la province et l'Europe n'eurent pas un moment d'illusion), à mesure que la terreur cessait à Paris, on revenait au bon sens: on ne tarda pas à découvrir l'impossibilité absolue de garder en entier ce ministère, qu'on avait demandé à la couronne avec une sorte de fureur. N'accusons personne : il était tout simple que ceux qui s'étaient crus protégés pendant les cent jours (et qui auraient été cruellement détrompés, si la bataille de Waterloo eût été perdue), il était tout simple, dis-je, que ceux-là fussent sous la double illusion de la frayeur et de la reconnaissance. Mais puisqu'ils ont été si promptement forcés de reconnaître leur erreur, cela leur devrait donner moins d'assurance dans leurs nouvelles assertions. Quand ils excusent aujourd'hui toutes les fautes que l'on peut faire, quand ils soutiennent avec la même conviction, que sans tel ou tel ministre, nous serions inévitablement perdus, qu'ils se rappellent leur enthousiasme pour un autre personnage, le ton tranchant avec lequel ils affirmaient que rien ne pouvait aller sans lui, leurs grands raisonnemens, leur colère contre les profanes qui n'admiraient pas, qui osaient douter de l'infaillibilité du ministre :

alors ils apprendront à se méfier de leur propre jugement, et seront plus réservés dans la distribution de leurs anathèmes.

CHAPITRE XLIX.

Division du second Ministère.

Le plan général ayant avorté, le ministre qui l'avait conçu, s'il eût été sage, eût donné sa démission; car d'un côté les deux impossibilités de sa position naturelle, l'empêchaient, comme je l'ai dit, d'entrer dans le système du gouvernement légitime; et de l'autre il ne pouvait plus suivre le système révolutionnaire, puisque celui-ci venait de manquer par la base. Si cette retraite avait eu lieu, le ministère amélioré aurait pu se soutenir; il ne se serait pas trouvé engagé dans la fausse position qui devint la cause de ses fausses démarches, et qui précipita sa chûte.

Le président du conseil, dégagé du tourbillon qui l'avait d'abord entraîné, revenait à des idées plus justes, et désirait administrer dans le sens royaliste et constitutionnel. A cette fin il faillait une chambre des députés, et cette chambre fut convoquée. Les électeurs adjoints, les présidens des collèges électoraux furent généralement choisis parmi les hommes attachés à la royauté. Mais précisément ce qu'il y avait de bon dans ces mesures, tendait à dissoudre l'administration, puisque par là se trouvait menacé le ministre, attaché à la révolution : ce ministre, en consentant à ces mesures, en s'efforçant même d'entrer dans la chambre des députés, montrait de son côté une ignorance complète de sa position.

Comment un homme était-il devenu si aveugle sur son intérêt politique, après avoir été d'abord si clairvoyant ? C'est qu'ayant été arrêté dans son premier plan, il ne pouvait plus empêcher la constitution de marcher, ni l'arbre de produire son fruit; c'est qu'il se fit peut-être illusion ; qu'il pensa que la chambre des députés entrerait dans le système révolutionnaire. Ce ministre dont le nom rappelera éternellement nos malheurs, a un immense orgueil : il se croit seul capable de maîtriser les tempêtes, parce qu'il a l'expérience des naufrages; il est d'ailleurs remarquable par l'inconséquence et la mobilité; sa légèreté semble être en raison inverse de la gravité des affaires qu'il a traitées.

Lorque Cromwell signa la sentence de mort de de Charles Ier, il barbouilla d'encre le visage de Marten, autre régicide auquel il passait sa plume : c'est une prétention des grands criminels de supporter gaîment les douleurs de la conscience.

CHAPITRE L.

Acte du second ministère, et sa chûte.

Les actes émanés d'un ministère aussi divisé ne pouvaient être que contradictoires ; quelques-uns sont excellens ; quelques-autres sont déplorables, et laisseront dans nos institutions les traces les plus désastreuses. La justice oblige de reconnaître que si les ministres actuels se sont trouvés enveloppés dans des difficultés inextricables, la plupart de ces difficultés sont nées des ordonnances rendues sous leurs prédécesseurs.

Un seul exemple suffira pour montrer à quel point le second ministère se trompa dans les choses les plus importantes. Au moment où il saisit les rênes de l'Etat, il eût dû purger le sol de la France, traduire devant les tribunaux les grands criminels, comprendre dans une autre catégorie ceux qui devaient s'éloigner, et publier une amnistie pleine et entière pour le reste : ainsi les coupables eussent été punis, les faibles rassurés. Au lieu de prendre une mesure si clairement indiquée, on laissa planer des craintes sur la tête de tous les Français. Appelées, long-temps après le délit, à prendre connaissance de ce délit, les chambres ont été forcées d'agiter des questions qui remuent trop de passions et réveillent trop de souvenirs. Les jugemens partiels et sans termes se sont prolongés jusqu'au moment où j'écris : et comme tel prévenu a été absous, et tel autre condamné en apparence pour le même crime, il en est résulté que l'indulgence et la rigueur ont eu l'air de s'accuser mutuellement d'injustice.

L'humeur et la désunion augmentaient : les ministres commençaient à s'accuser mutuellement, et à chercher des appuis dans les opinions opposées, que chaque parti du ministère aurait voulu voir triompher. L'affaire du Muséum accrut le mécontentement public. La divulgation de deux fameux rapports, déroula tout ce plan révolutionnaire que j'ai expliqué, et qu'on essaya de faire adopter avant l'entrée du roi à Paris. Mais ces rapports ne pouvaient plus rien changer à l'état des choses ; le temps des craintes chimériques était passé : les rapports n'étaient plus que l'expression du désespoir d'une cause perdue et d'une ambition trompée. Du reste, médiocres en tout, ils étaient erronés dans les faits, vagues dans les vues, et décousus dans les moyens.

Tant de contradictions, de tâtonnemens, de faux systèmes hâtèrent la catastrophe que tout le monde prévoyait. La session allait s'ouvrir : l'ombre des chambres suffit pour faire disparaître un ministère trop exposé à la franchise de la tribune. Quand les ministres furent tombés, on en trouva d'autres, bien qu'on eût assuré qu'il n'y en avait plus.

CHAPITRE LI.

Du troisième ministère. Ses Actes. Projets de lois.

Les nouveaux ministres entrèrent en pouvoir au

moment même de l'ouverture de la session. Les projets de lois qu'ils présentèrent à la chambre des députés étaient urgens et nécessaires : ils furent tous adoptés, quoique avec des améliorations considérables.

Ainsi, cette chambre dont le ministère ne tarda pas à faire de si grandes plaintes, n'a jamais commis une faute ni contre le roi qu'elle aime avec idolâtrie, ni contre le peuple dont elle devait défendre les droits. Par les lois sur la suspension de la liberté individuelle, sur les cris séditieux, sur les cours prévôtales, sur l'amnistie, elle s'est empressée d'armer la couronne de tous les pouvoirs, en amendant le projet de loi d'elections, et en faisant, contre ses propres intérêts comme chambre, un meilleur budjet, elle a maintenu les intérêts du peuple.

Si le ministère avait consenti, pour son repos comme pour celui de la France, à suivre le principe constitutionnel, à marcher avec la majorité, jamais travaux politiques plus importans et plus brillans à la fois, n'auraient consolé un peuple après tant de folies et d'erreurs.

Les projets de lois des ministres furent de grands actes d'administration : mieux rédigés, ils auraient passé sans difficultés.

Les propositions des chambres (1) furent de leur côté matières à grandes lois; accueillies par le ministère, elles se fussent perfectionnées.

De faux systèmes dérangèrent tout ; et ce qui devait être un point d'union devint un champ de bataille.

Entrons donc dans l'examen de ces systêmes qui ont déjà perdu la France au 20 mars, qui nous font et nous feront encore tant de mal.

---

(1) J'étais entré dans de longs détails relatifs aux propositions des chambres, et aux projets de lois des ministres ; mais je les ai supprimés depuis la publication de l'*Histoire de la Session de 1815*, dar M. Fiévée. Cet important sujet est supérieurement traité dans la troisième partie de son ouvrage. Je ne pourrais rien y ajouter.

CHAPITRE LII.

Quels Hommes ont embrassé les Systêmes que l'on va combattre, et s'il importe de les distinguer.

Il y a des administrateurs qui ont embrassé les systêmes en vigueur depuis la restauration, voyant très-bien le but caché, désirant très-vivement la conséquence de ces systêmes.

Il y a des hommes d'Etat qui y sont tombés faute de lumières et de jugement : d'autres s'y sont précipités en haines de tels ou tels hommes, d'autres y tiennent par orgueil, passion, caractère, entêtement, humeur.

Il est clair que ces systêmes ont leurs dupes et leurs fripons, comme toute opinion dans ce monde, mais puisque dupes et fripons nous conduisent également à l'abîme, peu nous importe les motifs divers qui les ont déterminés à suivre le même chemin.

Fairfax s'était laissé entraîner par la faction parlementaire; il s'apperçut trop tard qu'il avait été trompé. Il voulut trop tard arracher le roi à ses bourreaux. Le jour de l'exécution de Charles Ier., il se mit en prière avec Harrisson, pour demander des conseils à Dieu. Harrisson savait que le coup allait être porté; il prolongeait exprès la fatale oraison, afin d'ôter au général le temps de sauver le monarque. On apporte la nouvelle : « Le ciel l'a voulu, s'écrie Harrisson, en se levant ! » Fairfax fût consterné, mais le roi était mort.

Sans donc nous occuper des hommes, ne parlons que des systêmes. Si je parviens à en prouver la fausseté, à montrer l'écueil aux pilotes chargés de nous conduire, je croirai avoir rendu un grand service à la France; convaincu, comme je le suis, que si l'on continue à suivre la route où nous sommes engagés, on mènera la monarchie légitime au naufrage.

CHAPITRE LIII.

Système capital, fondement de tous les autres systèmes suivis par l'Administration.

Le grand système d'après lequel on administre depuis la restauration, le système, qui est la base de tous les autres, celui d'où sont nées ces hérésies : *il n'y a point de royalistes en France ; la chambre des députés n'est point dans le sens de l'opinion générale; il ne faut point suivre la majorité de cette chambre ; il ne faut point d'épurations ; les royalistes sont incapables*, etc. etc. ; ce système qu'on ne peut soutenir qu'en niant l'évidence des faits, qu'en calomniant les choses et les hommes, qu'en renonçant aux lumières du bon sens, qu'en abandonnant un chemin droit et sûr, pour prendre une voie tortueuse et remplie de précipices ; ce système enfin est celui-ci ; Il faut gouverner la France dans le sens des intérêts révolutionnaires.

Cette phrase, bien digne des révolutionnaires par sa barbarie, renferme l'instruction entière d'un ministre. Tout homme qui ne la comprend pas est déclaré incapable de s'élever à la hauteur de l'administration. Il ne vaut pas la peine qu'on daigne lui expliquer les secrets des têtes *fortes*, des esprits *positifs* et des génies *spéciaux*.

CHAPITRE LIV.

Qu'avec ce Système on explique toute la marche de l'Administration.

Servez-vous de ce système comme d'un fil, et vous pénétrerez dans tous les replis de l'administration ; vous découvrirez la raison de ce qui vous a paru le plus inconcevable ; vous trouverez la cause efficiente des déterminations ministérielles : je le prouve.

Il n'y a que deux espèces d'hommes qui peuvent

gouverner dans le sens des intérêts révolutionnaires: ceux qui sont eux-mêmes engagés fortement dans ces intérêts : ceux qui, sans les partager, sont néanmoins convaincus que la majorité de la France est révolutionnaire.

Que les premiers administrent au profit de la révolution, cela est tout naturel ; que les seconds, par d'autres motifs, s'attachent au même système, c'est tout naturel encore ; car étant faussement persuadés, mais enfin étant persuadés, que toute résistance à l'ordre de choses révolutionnaire est inutile ; que cette résistance amènerait des crises et des bouleversemens, ils doivent gouverner selon l'opinion qu'ils croient dominante et insurmontable.

Cela posé, il faut favoriser de toutes parts les hommes et les choses de la révolution, parce qu'on les regarde comme seuls puissans, seuls à craindre ; tandis que par une conséquence contraire, on doit écarter les hommes et les choses qui ne tiennent pas à cette révolution, parce qu'ils ne sont ni puissans ni à craindre.

Or, n'est-ce pas ce qu'on a toujours fait depuis la restauration ? Partez donc du système des intérêts révolutionnaires, et toute l'administration est expliquée.

Cette administration a-t-elle sauvé, a-t-elle perdu, perdra-t-elle la France ? voilà la question.

Si elle sauve la France, le système est vrai : il faut le suivre.

Si elle a déjà perdu, si elle doit perdre encore la France, le système est faux : qu'on se hâte de l'abandonner.

Et moi je soutiens que le système des intérêts révolutionnaires nous a précipités, et nous précipitera encore dans un abîme d'où nous ne sortirons plus.

Je dis qu'il est inconcevable que des ministres attachés à la couronne retombent dans les fautes qui ont produit la leçon du 20 mars.

Je dis que je ne saurais comprendre comment ces ministres sacrifient la France, pour gagner des gens qu'on ne gagnera jamais; comment ils en sont encore à ce pitoyable système de fusion et d'amalgame que Buonaparte lui-même n'a pu exécuter avec un bras de fer et six cent mille hommes; comment ils croient avoir trouvé un moyen de destruction.

Je ferai toucher au doigt et à l'œil les conséquences terribles du système des intérêts révolutionnaires, pris pour base de l'administration ; mais il faut d'abord l'attaquer dans son principe, ainsi que les autres systèmes dérivés de ce système capital.

CHAPITRE LV.

Erreur de ceux qui soutiennent le Système des intérêts révolutionnaires.

Voici l'erreur de ceux qui veulent gouverner de bonne foi dans le sens des intérêts révolutionnaires : ils confondent les intérêts *matériels* révolutionnaires, et les intérêts *moraux* de la même espèce. Protégez les premiers; poursuivez, détruisez, anéantissez les seconds.

J'entends par les intérêts *matériels* révolutionnaires, la possession des biens nationaux, les droits politiques développés par la révolution, et consacrés par la Charte.

J'entends par les intérêts *moraux*, ou plutôt immoraux de la révolution, l'établissement des doctrines anti-religieuses et anti-sociales ; la doctrine du gouvernement de fait : en un mot tout ce qui tend à ériger en dogme, à faire regarder comme indifférens même comme légitimes, le manque de foi, le vol et l'injustice.

CHAPITRE LVI.

Ce qu'il faut faire en admettant la distinction notée au précédent Chapitre.

Ainsi, punissez quiconque se porterait à des voies de fait contre les acquéreurs de biens nationaux; veillez à la conservation de tous les avantages que la constitution accorde aux diverses classes de citoyens: cette part faite aux intérêts révolutionnaires, c'est une erreur déplorable autant qu'odieuse de se croire obligé de soutenir toutes les opinions impies et sacriléges, nées de la fange de la révolution. C'est prendre pour des *intérêts* réels des *principes* destructeurs de toute société humaine.

CHAPITRE LVII.

Exemple à l'appui de ce qu'on vient de dire.

Faut-il, par exemple, parce qu'on a vendu des biens qui ne nous appartenaient pas, que la Charte a reconnu cette vente (pour ne pas amener de nouveaux troubles), faut-il déclarer qu'il est légal de garder ceux qui ne sont pas encore aliénés ? Une injustice commise devient-elle un droit pour commettre une autre injustice ? Craindrait-on en rendant ce qui reste domaines de l'Eglise, d'avouer qu'on a eu tort de vendre ce qui ne reste plus, et ce qu'on ne redemande pas ? Cet aveu ne doit-il jamais être fait ?

Singulière doctrine de ces hommes qui prétendent aimer la liberté ! Ne dirait-on pas que les droits consacrés par la Charte n'ont été établis qu'au profit de ceux qui ont tout, contre ceux qui n'ont rien ! L'inviolabilité des propriétés que l'on invoque pour la France nouvelle, n'existe point pour l'ancienne France : la peine de la confiscation n'est plus reconnue pour crime de lèse-majesté ; mais elle continue de l'être pour crime de fidélité.

Malheur à la nation dont la loi, comme la règle de plomb de certains architectes de la Grèce, se ploie pour s'appliquer à différentes formes ! Malheur au juge qui a deux poids et deux mesures ! Malheur au citoyen réclamant pour lui la justice qu'il dénie à son voisin ! Sa prospérité sera passagère, et il sera frappé de cette même adversité qui ne le touche pas dans autrui.

Au temps de Philippe de Valois, il y eut une peste : durant la moralité, il advint que deux religieux de Saint-Denis chevauchaient à travers les champs ; ils arrivèrent à un village où ils trouvèrent les hommes et les femmes dansant aux sons des tambourins et des cornemuses. Ils en demandèrent la raison : les paysans répondirent qu'ils voyaient tous les jours mourir leurs voisins, mais que la contagion n'étant pas entrée dans leur village, ils avaient bonne espérance et se tenaient en joie. Les deux religieux continuèrent leur route. Quelque temps après ils repassèrent par le même village : ils n'y rencontrèrent que peu d'habitans qui avaient l'air abattu et le visage triste. Les religieux s'enquirent où étaient les hommes et les femmes qui menaient naguère une si grande fête. « Beaux « Seigneurs, répondirent les passans, le courroux du « Ciel est descendu sur nous » (1).

CHAPITRE LVIII.

Continuation du même sujet.

Poursuivez, et voyez où vous arrivez avec le système que j'attaque.

On doit s'opposer au rétablissement de la religion, parce que les intérêts révolutionnaires sont contraires à la religion.

---

(1) *Chronique de France.*

On ne doit jamais faire aucune proposition, présenter aucun projet de loi, tendant à rétablir les institutions morales et chrétiennes, parce que les rétablir c'est menacer la révolution; c'est en outre supposer que ces institutions ont été renversées, par conséquent faire un reproche indirect à la révolution qui les a détruites. N'ai-je pas entendu blâmer comme impolitiques, les honneurs funèbres rendus à Louis XVI, à Marie-Antoinette, au jeune roi Louis XVII, à Madame Elisabeth ? Si c'est comme cela qu'on sauve la monarchie, je suis étrangement trompé.

Si des choses on passe aux hommes, on trouvera qu'il ne faut rien faire pour ceux qui ont combattu la révolution, de peur d'alarmer les intérêts révolutionnaires, qu'il faut combler au contraire les amis de la révolution pour les gagner et se les attacher. Je présenterai les détails du tableau quand je peindrai l'état actuel de la France.

Enfin, tous ces discours où l'on retrouve les mots d'honneur, de religion, de royalisme, sont des discours de factieux: parler ainsi, c'est blesser les intérêts révolutionnaires.

Avant la révolution, les prédicateurs effrayés par l'esprit du siècle, n'osaient presque plus nommer Jésus-Christ: ils tâchaient, par des périphrases, de faire entendre de qui ils voulaient parler.

Aujourd'hui, à cause des intérêts moraux révolutionnaires, évitez toutes les paroles qui pourraient blesser des oreilles délicates ; *restitution*, par exemple, est un mot si affreux, qu'on doit le bannir lui et ses dérivés de la langue française. Il y a de bonnes gens qui consentiraient presqu'à la dotation de l'autel, à condition qu'on *donnât*, mais non pas qu'on *rendît* au clergé ce qui reste des biens de l'Eglise ; car, comme ils le disent très-sensément, *il faut maintenir le principe !*

Si cela continue, grâces aux intérêts révolutionnaires, dans peu d'années il y aura une foule de mots que l'on n'entendra plus. On sera obligé de les expliquer dans les nouveaux dictionnaires. Auprès du mot *honneur* on mettra : il est *vieux*. Au mot *fidélité*, on écrira *duperie*.

CHAPITRE LIX.

Que le Système des intérêts révolutionnaires, pris à la fois dans le sens physique et moral mène à cet autre Système, savoir: qu'il n'y a point de Royalistes en France.

Gouverner dans le sens des intérêts révolutionnaires, sous le rapport moral, est un système si directement opposé aux principes du gouvernement légitime, il paraît si insensé de caresser toujours ses ennemis, et de repousser toujours ses amis, qu'il a bien fallu s'appuyer sur quelque raison décisive.

Qu'a-t-on alors imaginé? on a dit: il n'y a point de royalistes en France ! C'est justifier une erreur par une erreur.

« Combien êtes-vous ! s'écriait un jour un homme spécial, deux royalistes contre cent révolutionnaires : subissez donc votre sort ! *væ victis !* Un gouvernement ne connaît que la majorité, et n'administre que pour elle. Des faits et non des mots : comptons. »

Eh bien, comptons.

Vous dites donc qu'il y a deux royalistes contre cent personnes attachées aux principes de la révolution, ou pour me servir de votre phrase habituelle, vous dites qu'il n'y a point de royalistes en France ? Vous en concluez qu'il faut gouverner dans le sens des intérêts révolutionnaires non-seulement matériels, mais encore moraux, sans avoir égard à la distinction que je prétends établir.

Je tirerais de ce fait, s'il était véritable, une conséquence toute opposée ; mais je commence par le nier,

CHAPITRE LX.

Que les Royalistes sont en majorité en France.

Loin que les royalistes soient en minorité en France, ils y sont en majorité.

S'ils étaient en majorité, répond-on, la révolution n'eût pas eu lieu.

Et depuis quand dans les révolutions des peuples, la majorité a-t-elle fait la loi? L'expérience n'a-t-elle pas prouvé que c'est souvent la minorité qui l'emporte? La nation voulait-elle le meurtre de Louis XVI? voulait-elle la Convention et ses crimes? voulait-elle le Directoire et ses bassesses? voulait-elle Buonaparte et sa conscription? Elle ne voulait rien de tout cela: mais elle était contenue par une minorité active et armée. Doit-on inférer que parce que la majorité se tait, ses intérêts n'existent pas dans un pays? Dans ce cas il faudrait presque toujours conclure contre l'opprimé, en faveur de l'oppresseur.

Mais délivrez du joug cette majorité, et vous verrez ce qu'elle dira. L'exemple en est récent, et sous vos yeux. Des colléges électoraux formés par Buonaparte sont appellés à des élections sous le roi: que feront-ils? Entraînés par l'opinion populaire, et puisans pour ainsi dire eux-mêmes dans cette opinion, ils nomment pour députés les plus déterminés royalistes. Je dirai plus; il a fallu toute la puissance ministérielle d'alors, pour parvenir à faire élire certains chefs que l'esprit public repoussait. Loin qu'on veuille encore des révolutionnaires, on en est las: le torrent de l'opinion coule aujourd'hui dans un sens tout-à-fait opposé aux idées qui ont amené le bouleversement de la France.

Renfermons-nous dans les faits. Que chacun se rappelle les départemens, les villes, les villages, les hameaux où il peut avoir des relations, des intérêts de famille ou d'amitié. Dans tous ces lieux, il lui sera facile de compter le très-petit nombre d'hommes connus par leurs principes révolutionnaires. Y en a-t-il un millier par département, une centaine par ville, une douzaine par village, bourg et hameau ? c'est beaucoup; et vous ne les trouveriez pas.

Ceux qui n'ont parcouru que nos provinces les plus dévastées par deux invasions consécutives, qui n'ont suivi que la route militaire, ravagée par douze cent mille étrangers; ceux-là ont trouvé des paysans au milieu de leurs moissons détruites, de leurs chaumières en cendre. Serait-il juste de conclure que des propos arrachés à l'impatience de la misère, sont la manifestation d'une opininion nationale ? Et comment se fait-il que ces provinces dépouillées aient nommé des députés tout aussi royalistes que ceux du reste de la France ? Ignore-t-on même que les départemens du Nord sont excessivement remarquables par leur royalisme ? Voyagez à l'Ouest et au Midi, et vous serez frappés de la vivacité de cette opinion qui est portée jusqu'à l'enthousiasme. Voilà des faits et des calculs.

CHAPITRE LXI.

Ce qui a pu tromper les Ministres sur la véritable opinion de la France.

L'ILLUSION du ministère sur le véritable opinion de la France, tient encore à une autre cause. Il prend pour une chose existante hors de lui une chose inhérente lui-même; et il s'émerveille de découvrir ce qui est le résultat forcé de la position où il a placé l'ordre politique.

Le ministère ne voit pas que sur la question de l'opinion générale, il n'a pour guide et pour témoin qu'une opinion intéressée. La plupart des places étaient et sont encore entre les mains des partisans de la révolution, ou de Buonaparte. Les ministres ne correspondent qu'avec les hommes en place; ils leur demandent des renseignemens sur l'opinion de la France. Ces hommes tout naturellement ne manquent pas de répondre que leurs administrés pensent comme eux, hors une petite poignée de chouans et de vendéens. Comptez l'armée des douaniers, des employés de toutes les sortes, des commis de toutes les espèces, et vous reconnaîtrez que l'administration, dans sa presque totalité, tient aux intérêts révolutionnaires. Or, si le gouvernement voit l'opinion de la France dans les *administrateurs*, et non dans les *administrés*, il en résulte qu'il doit croire, contre la vérité évidente, qu'il y a très-peu de royalistes en France. Et comme ce sont les administrateurs qui parlent, qui écrivent, qui disposent des journaux et de la voix de la renommée; comme enfin ce sont eux qui forment les autorités publiques, il est clair qu'il y a de quoi prendre là des idées fausses sur la France, de quoi se tromper soi-même, et tromper l'Europe.

CHAPITRE LXII.

Objection réfutée.

Un homme d'esprit consulté sur l'opinion de la France, après avoir dit que les *royalistes* sont les meilleurs gens du monde, qu'ils sont pleins de zèle et dévouement (précaution oratoire à l'usage de tous ceux qui veulent leur nuire), ajoutait : Mais ces honnêtes gens sont en si petit nombre, ils sont si peu de chose comme parti, qu'ils n'ont pas pu, le 20 mars, sauver le roi à Paris, ni défendre Madame à Bordeaux.

Eh! grand Dieu! quels sont donc ceux qui emploient de tels raisonnemens pour prouver la minorité des royalistes? Ne seraient-ce point des hommes qui chercheraient une excuse à des événemens qui les condamnent? Ne seraient-ce point des administrateurs auteurs et des fauteurs du merveilleux système, qu'il faut gouverner dans les intérêts révolutionnaires, par conséquent ne placer que des amis de Buonaparte, que des élèves de la révolution?

Quoi? c'est vous qui refusiez de croire à tout ce qu'on vous dénonçait ; qui traitiez d'alarmistes ceux qui osaient vous parler des dangers de la France ; qui n'ouvriez pas même les lettres qu'on vous écrivait des départemens; qui n'avez pas pu garder un bras de mer avec toute la flotte de Toulon ; qui vous êtes montrés si pusillanimes au moment du danger, si incapables de prendre un parti, de suivre un plan, de concevoir une idée ; qui n'avez su que vous cacher en laissant 35 millions comptant à l'usurpateur, tant il vous semblait difficile de trouver quelques chariots! c'est vous qui reprochez aux royalistes écartés, désarmés par vous, de n'avoir pu sauver le roi! Ah! qu'il vaudrait mieux garder le silence, que de vous exposer à vous faire dire que tous les torts viennent de vous, de vos funestes systêmes! Si vous n'aviez pas mis des révolutionnaires dans toutes les places, si vous n'aviez pas éloigné les royalistes de tous les postes, l'usurpateur n'aurait pas réussi. Ce sont vos préfets révolutionnaires, vos commandans buonapartistes qui ont ouvert la France à leur maître. Ne lui aviez-vous pas ingénieusement envoyé des maréchaux-de-logis dans tout le Midi, en semant sur son chemin ses créatures? il avait raison de dire que ses aigles voleraient de clocher en clocher : il allait de préfecture en préfecture coucher chaque soir, grâces à vos soins chez un de ses amis. Et vous osez vous en prendre aux royalistes! Qui ne sait que dans tout pays, ce sont les autorités civiles et militaires qui font tout, parce qu'elles disposent de tout, que la foule désarmée ne peut rien? Où l'usurpateur a-t-il rencontré quelque résistance, si ce n'est là même où par hasard, il s'est rencontré des hommes qui n'étaient pas dans les intérêts révolutionnaires. Vos agens, ces habiles que vous aviez comblés de faveurs pour les attacher à la couronne, arrêtaient les royalistes, empêchaient les Marseillais de sortir de Marseille. Vous sied-il bien de mettre sur le compte de la prétendue faiblesse des sujets fidèles, ce qui n'est que le fruit de la pauvreté de vos conceptions? Abandonnez un moyen de défense aussi maladroit qu'imprudent, puisqu'au lieu de prouver la bonté de votre système, il en démontre le vice.

CHAPITRE LXIII.

Que s'il n'y a pas de royalistes en France, il faut en faire.

Après avoir nié la majeure, je change d'argument et j'accorde aux adversaires tout ce qu'ils voudront. Je dis alors : fût-il vrai qu'il n'y eût pas de royalistes en France, le devoir du ministère serait d'en faire ; loin de gouverner dans le sens de la révolution, de fortifier les principes révolutionnaires, essentiellement républicains, il serait coupable de ne pas employer tous ses efforts, pour amener le triomphe des opinions monarchiques.

Ainsi trouvant sous sa main, par miracle, une chambre de députés purement royalistes, le ministre devait s'en servir pour changer la mauvaise opinion qu'il supposait exister dans la majorité de la France. Et qu'il ne soutienne pas que ce changement eût été impossible : les moyens d'un gouvernement sont toujours immenses. C'est bien après avoir été témoins de toutes les variations que la révolution a produites, de tous les rôles que la plupart des hommes ont joués, de tous ces sermens prêtés à la république, à la tyrannie, à la royauté, au gouvernement de droit, au gouvernement de fait, que l'on peut désespérer de ramener à la légitimité des caractères si flexibles ! Et si au lieu de supposer la majorité révolutionnaire, je la suppose seulement indifférente et passive, quelle facilité de plus pour la faire pencher vers les principes de la religion et de la royauté ! C'est donc par goût et par choix que vous la déterminez à tomber du côté de la révolution ? Vous avez dit à la tribune qu'un ministre doit diriger l'opinion; eh! bien, je vous prends par vos paroles: faites des royalistes, ou je vous accuse de n'être pas royalistes vous-mêmes.

CHAPITRE LXIV.

Système sur la chambre actuelle des députés.

Ce qui embarrasse le plus les partisans des intérêts révolutionnaires, lorsqu'ils soutiennent qu'il n'y a point de royalistes en France, c'est la composition de la chambre des députés.

Le système des intérêts révolutionnaires amène le système de la minorité des royalistes en France; ce second système produit nécessairement celui-ci, savoir, que la chambre actuelle des députés n'a point été élue dans le sens de l'opinion générale. C'est de ce quatrième système qu'est née l'absurdité inconstitutionnelle d'après laquelle on prétend que le ministère n'a pas besoin de la majorité de la chambre. Le mal engendre le mal.

Voici comment on raisonne pour détruire l'objection tirée du royalisme dans la chambre des députés.

« L'opinion de la majorité de la chambre des députés, ne représente point, dit-on, l'opinion de la majorité de la France. Cette chambre élue par surprise, fut convoquée au milieu d'une invasion. Dans le trouble et la confusion, les colléges électoraux se sont hâtés de nommer des royalistes, croyant que ceux-ci allaient être tout-puissans, quoique l'opinion de ces colléges fût opposée à la nature des choix même qu'ils faisaient. L'opinion de la majorité des Français est précisément celle de la majorité actuelle de la chambre des députés: voilà pourquoi les ministres ont suivi cette minorité voulant marcher avec la France, et non pas avec une faction. »

CHAPITRE LXV.

Réfutation.

Je vois d'abord dans cet exposé une chose qui, si elle était réelle, confirmerait ce que j'ai avancé plus haut : il est facile de faire des royalistes en France, en supposant qu'il n'y en ait pas.

En effet, des colléges électoraux sont assemblés ; dans la simple supposition que les royalistes vont être puissans, que le gouvernement va prendre des mesures en leur faveur, ces colléges nomment sur-le-champ contre leurs intérêts, leurs penchans et leurs opinions, des députés royalistes ! On est donc bien coupable, je le répète, de ne pas rendre toute la France royaliste, lorsqu'on le peut à si peu de frais, lorsque la moindre influence la détermine à faire aussi promptement ce qu'elle ne veut pas, que ce qu'elle veut.

Pour moi, je m'en tiens au positif, et comme ceux dont je combats le système, je ne veux que des faits.

J'ai eu l'honneur de présider un collége électoral dans une ville dont la garnison étrangère n'était séparée de l'armée de la Loire que par un pont. S'il devait y avoir oppression, confusion, incertitude quelque part, c'était certainement là. Je n'ai vu que le calme le plus parfait, que la gaîté même, que l'espérance, que l'absence de toutes craintes, que les opinions les plus libres. Le collége était nombreux ; il n'y manquait presque personne. On y remarquait des hommes de tous les caractères, de toutes les opinions ; des malades s'y étaient fait porter : le résultat de tout cela fut la nomination de quatre royalistes pris dans l'administration, la magistrature, et le commerce. Il y en aurait eu vingt de nommés, si l'on avait eu vingt choix à faire, car il n'y eut de concurrence qu'entre des royalistes. On n'aurait trouvé de difficulté ou plutôt d'impossibilité qu'à faire élire les partisans des intérêts révolutionnaires.

Je suis peut-être suspect ici par mes opinions. Il y a d'autres présidens qui ne l'étaient pas; et ils ont rapporté comme moi des nominations royalistes. Si donc il y avait tant de calme et d'indépendance à Orléans, les départemens éloignés de Paris et du théâtre de la guerre devaient encore être plus libres de suivre leurs véritables opinions.

Une preuve de plus que l'opinion de la majorité de la chambre des députés était l'opinion de la majorité de la France, c'est la réception que les départemens ont faite à leurs députés. Je ne parle pas des témoignages de satisfaction donnés aux hommes les plus éclatans; on pourrait répondre que l'esprit de parti s'en est mêlé. Je parle de la manière dont les députés les plus obscurs ont été accueillis presque partout, par cela seul qu'ils avaient voté avec la majorité. On a dit que la police avait envoyé des ordres secrets pour que de semblables honneurs attendissent aussi les membres de la minorité : ce sont des propos de la malveillance.

Si les départemens avaient élu des députés qu'ils n'aimaient pas, il faut avouer qu'ils avaient eu le temps de revenir de leur surprise, de s'appercevoir que les royalistes n'avaient ni puissance, ni faveurs : alors ces départemens mécontens eux-mêmes de tout ce qui s'était passé dans la session, auraient pu montrer combien ils se repentaient de leurs choix. Point du tout : ils en paraissaient de plus en plus satisfaits. Voilà une abnégation de soi-même, une frayeur, une surprise qui durent bien long-temps !

Que n'avait-on point tenté toutefois pour égarer l'opinion ? Que de calomnies répandues, que d'insultes dans les journaux ! Tantôt les députés voulaient ramener l'ancien ordre de choses, et revenir sur tout ce qui avait été fait; tantôt ils attaquaient la prérogative, et prétendaient résister au roi. Comment dans les provinces aurait-on démêlé la vérité, quand la presse n'était pas libre, quand elle était entre les mains des ministres, quand on ne pouvait rien expliquer au-delà de la barrière de Paris, ni faire comprendre la singulière position où l'on plaçait les plus fidèles serviteurs du roi ? Pour couronner l'œuvre, les chambres avaient été renvoyées immédiatement après le rapport sur le budjet à la chambre des pairs; et les députés, sans pouvoir répondre, étaient retournés chez eux, chacun avec un acte d'accusation dans la poche : cependant la vérité a été connue.

Trompé comme on l'est dans les cercles de Paris, où chacun ne voit et n'entend que sa coterie, où l'on prend ce qu'on désire pour la vérité, où l'on est la dupe des bruits et des opinions que l'on a soi-même répandus, où la flatterie attaque le dernier commis, comme le premier ministre, on disait avec une généreuse pitié que le ministère serait obligé de protéger les députés, quand ils retourneraient dans les provinces, que ces malheureux seraient insultés, bafoués, maltraités par le peuple : *Ride, si sapis !*

Il me semble que les départemens commencent à se soustraire à cette influence de Paris, qui les a dominés depuis la révolution, et qui date de loin en France. Lorsque le duc de Guise, le Balafré, montrait à sa mère la liste des villes qui entraient dans la Ligue : « Ce n'est rien que tout cela, mon fils, disait la duchesse de Nemours : si vous n'avez Paris, vous n'avez rien. »

Que l'administration par maladresse accroisse aujourd'hui le dissentiment entre les provinces et Paris, il en résultera une grande révolution pour la France.

CHAPITRE LXVI.

Conseil des Départemens.

Le sophisme engendre l'illusion ; l'illusion détrompée produit l'humeur ; l'humeur anime l'amour-propre ; on te pique au jeu. Il serait plus simple de dire : j'ai tort et de revenir ; mais on ne le fait pas.

Les départemens avaient bien reçu leurs députés ; cette réception tendait à prouver que l'opinion était royaliste, mais il restait une ressource : les conseils des départemens allait s'assembler. S'ils se plaignaient des députés ou ne montraient pour leurs travaux que de l'indifférence, le triomphe était encore possible. On eût fait valoir les adresses des conseils ; on se serait écrié : « Vous le voyez ! nous vous l'avions bien dit.
« Voilà la véritable opinion de la France. Etes-vous
« maintenant convaincus que la chambre n'a point
« été choisie dans le sens de l'opinion générale, opi-
« nion qui est toute dans les intérêts révolutionnaires ?
« Ecoutez les conseils-généraux : ils sont les organes
« de l'opinion publique. »

Qu'est-il arrivé ? Les conseils ont aussi fait l'éloge des députés ! Eh ! bien, les conseils ne sont plus les organes de l'opinion publique ! On *sait* que toutes ces louanges *sont des coups montés ; des affaires de cabale et de parti*. On sait que l'on *rédige une adresse comme on veut*. etc. etc.

Ordre aux journaux de se moquer des honneurs rendus aux députés : ordre aux conseils-généraux de ne députer personne à Paris, parce qu'on ne veut pas qu'on vienne dire au pied du trône, combien la France est satisfaite de ses mandataires. On ne recevra que les adresses du conseil ; et ces adresses on ne les mettra que par extrait dans le Moniteur, en ayant soin d'en retrancher tous les éloges de la chambre.

Enfin, comme les conseils votent des remercîmens et des témoignages d'estime à leurs députés, ordre encore de n'accorder ces remercîmens et ces témoignages d'estime qu'avec la permission de la couronne. Pour motiver cet ordre extraordinaire, il faut faire violence à toute l'histoire ; il faut dire que la couronne eut seule, en tout temps, le droit de décerner des honneurs, tandis qu'il n'est personne qui ne sache que, depuis Clovis jusqu'à nos jours, les villes, les

corps, les confréries ont été en possession de ce droit ;
jusques là qu'on tirait quelquefois le canon pour un
écolier qui avait remporté un prix à l'Université.

Et quand il eût été vrai que ce droit n'eût pas existé
sous la monarchie absolue, ne dérive-t-il pas tout
naturellement de la monarchie constitutionnelle ? Si les
départemens ont le droit d'élire des députés, n'ont-ils
pas celui de dire à ces députés qu'ils sont contens de leurs
services ? Quelle pitié que tout cela !

Tel est le fatal esprit de système : quiconque en
est possédé ferme les yeux à la vérité. Les hommes
de la meilleure foi du monde, se donnent l'air de tout
ce qui est opposé à la bonne foi ; avec les idées les
plus généreuses, ils gouvernent comme Buonaparte,
par les moyens les moins généreux. Mais pour administrer ainsi ont-ils la force de Buonaparte ? Les adresses sont connues ; elles arrivent de toutes parts : chacun les reçoit ; chacun voit pourquoi l'on cherche à
les étouffer : on rit ou l'on rougit, en restant convaincu plus que jamais que la majorité de la chambre
des députés est dans le sens de l'opinion de la France.

CHAPITRE LXVII.

Que l'opinion même de la minorité de la Chambre des Députés, n'est point en faveur du Système des intérêts révolutionnaires.

Que si l'on s'appuie de l'opinion de la minorité
réelle des députés, comme représentant l'opinion
générale de la France, je dis encore que cette opinion
à la prendre à son origine, servirait elle-même à
battre en ruine le système des intérêts révolutionnaires.

Quand la chambre s'est rassemblée, elle était presqu'unanime dans ses sentimens. Il a fallu que le ministère travaillât avec une persévérance incroyable,
pour parvenir à la diviser. On conçoit à peine, comment des hommes de sens, trouvant sous leur main

un instrument aussi parfait, aussi bien disposé pour tous les usages, n'aient pas voulu, ou n'aient pas pu s'en servir : on conçoit à peine que ces hommes de sens aient mis autant de soins à se créer une minorité, qu'un ministère en met ordinairement à acquérir la majorité.

Que de mouvemens il a fallu se donner en effet, que de démarches, de sueurs répandues pour avoir le plaisir de voir refaire ou rejeter les lois! Que d'adresse pour perdre la partie! Un club n'a d'abord rien produit. La chambre toute entière était si franchement royaliste, que ce n'est qu'en abusant du nom du roi, en répétant sans cesse que le roi désirait, voulait, ordonnait ceci, cela, qu'on est parvenu à ébranler quelques hommes. Ces honnêtes gens se sont détachés, comme malgré eux, d'une majorité qu'ils n'ont pas crue assez soumise à la volonté du monarque. Cela est si vrai que dans une foule d'occasions, comme dans l'affaire des régicides, ils ont voté par acclamation dans le sens de la majorité. Or, le bannissement des régicides était un coup mortel porté aux *intérêts révolutionnaires*.

Ainsi on ne peut pas même augmenter de l'opinion de la minorité de la chambre des députés en faveur du système de ces intérêts ; car cette opinion, loin d'être l'opinion réelle de la minorité, n'est que la reproduction de l'opinion ministérielle par laquelle elle a été formée.

CHAPITRE LXVIII.

Dernier fait qui prouve que les intérêts ne sont pas révolutionnaires en France.

FAISONS la contre-épreuve du tableau. Si les intérêts étaient révolutionnaires en France, toutes les fois qu'il y a un mouvement politique, ce mouvement serait infiniment dangereux. Aussi à chaque conspiration, ne manque-t-on pas de s'écrier : « Voilà ce que vos paroles imprudentes ont fait! les intérêts révolutionnaires se sont crus menacés ; à l'instant la tranquillité a été troublée. Cette étincelle peut produire un vaste incendie. »

On regarde, et cette étincelle ne produit rien ; personne ne remue. On voit avec indifférence et mépris quelques jacobins isolés tomber dans le gouffre qu'ils ont tenté de rouvrir. Ce parti sans force n'a aucune racine dans l'opinion : il n'est dangereux (mais alors il l'est beaucoup) que quand on a l'imprudence de l'employer. La vipère est faible et rampante : vous pouvez l'écraser d'un coup de pied ; mais elle vous tuera, si vous la mettez dans votre sein.

CHAPITRE LXIX.

Qu'on ne fait pas de Royalistes par le Système des intérêts révolutionnaires.

Passons sur un autre champ de bataille.

J'ai dit qu'il fallait faire des royalistes, s'il n'y en avait pas en France. C'est précisément pour cela, répond-on, que l'on gouverne dans le sens des intérêts révolutionnaires. Le chef-d'œuvre du ministère sera de rattacher au roi tous ses ennemis. On gagnera tous les hommes qui n'ont à se reprocher qu'un excès d'énergie, et qui mettront à défendre le trône la force qu'ils ont mise à le renverser.

Et moi aussi, j'ai prêché cette doctrine et moi aussi, j'ai dit qu'il fallait fermer les plaies, oublier le passé, pardonner l'erreur. Quel éloge n'ai-je point fait de l'armée ! Je dois même le confesser : je suis trop sensible à la gloire militaire, et je raisonne mal, quand j'entends battre un tambour. Mais ce que je concevais avant le vingt mars, je ne le conçois plus après. Etre un bon homme, soit ! mais un niais, je serais aussi trop honteux d'être deux fois dupe.

Vous prétendez rendre royalistes les hommes qui vous ont déjà perdus ? Et que ferez-vous pour eux qu'on n'avait point fait alors ? Ils occupaient toutes les places, ils dévoraient tout l'argent, ils étaient chargés de tous les honneurs. On donnait à quelques régicides mille écus par mois, pour avoir coupé la tête à Louis XVI. Serez-vous plus libéral ? Les cent jours ont envenimé la plaie ; ils ont ajouté aux passions premières la honte d'avoir tenté sans succès une nouvelle trahison. Par cette raison, la légitimité est devenue de plus en plus odieuse à certains hommes : ils ne seront satisfaits que par son entière destruction. Je le répéterai : essayer encore, après le vingt mars, de gagner les révolutionnaires, remettre encore toutes les places entre les mains des ennemis du roi, continuer encore le systême de fusion et d'amalgame, croire encore qu'on enchaîne la vanité par les bienfaits, les passions par les intérêts, en un mot retomber dans toutes les fautes qu'on a faites après une leçon si récente, une expérience si rude, disons-le sans détour, il faut que quelque arrêt fatal ait été prononcé contre cet infortuné pays.

CHAPITRE LXX.

Des Épurations en général.

Ceci nous amène à traiter des épurations.

Avant l'ouverture de la session, les colléges électoraux avaient demandé l'épuration des autorités. A l'ouverture de la session, les deux chambres répétèrent la même demande dans leurs adresses. Le ministère répondit qu'il surveillerait ses agens, qu'il prenait d'ailleurs les événemens sous sa responsabilité.

Mais, d'abord, qu'est-ce que la responsabilité des ministres ? La loi qui doit la définir n'est point encore faite. Jusqu'ici cette terrible responsabilité, de loin *vaisseau de haut bord*, de près n'est *que bâton flottant sur l'onde*. Le premier ministère était sans doute dévoué à la cause de la royauté : cependant a-t-il pu prévenir l'infidélité des bureaux et des commis ? Dans une foule de cas le ministre ne peut voir que par les sous-ordres qui l'environnent ; sa foi peut être surprise. Si, par exemple, les administrations sont remplies d'hommes qui calomnient les amis du roi, le ministre n'agira-t-il pas dans le sens des rapports qu'on lui fera? ne sera-t-il pas trompé sur les véritables intérêts de la patrie ?

A ce mot d'épuration on s'écrie : Vous voulez des vengeances, vous demandez des réactions.

J'ai dit, dans une autre occasion, que la justice n'est point une vengeance, que l'oubli n'est point une réaction, il ne faut persécuter personne ; mais il n'est pas nécessaire, et il est tout-à-fait dangereux de confier les places aux ennemis du roi. Pourquoi s'élève-t-il une si grande rumeur parmi une certaine classe d'hommes, lorsqu'on hasarde le mot de justice ? Parce que ces hommes sentent très-bien que toute la question est là ; que si une fois on en vient à la justice, tout est perdu pour ceux qui nourrissent encore de coupables espérances. Ne croyez pas qu'ils se soucient du tout de la Charte et de la liberté dont ils invoquent sans cesse les noms : tout ce qu'ils veulent c'est le pouvoir. Le salut ou la perte de la France leur paraît tenir à la perte ou à la conservation de leur place.

Lorsqu'on était trop pressé par l'opinion publique, on se retranchait dans la nécessité d'une sage temporisation. On fera peu à peu, disait-on, les épurations nécessaires ; mais on ne peut pas désorganiser à la fois tous les ministères, et paralyser l'action du gouvernement.

Cette objection peut paraître invincible à un administrateur ; elle n'arrête pas un homme d'état. Ne vaut-il pas mieux, dans tous les cas, avoir des agens inexpérimentés, que des agens infidèles

Mais si vous exécutiez tous ces changemens, vous feriez au gouvernement une multitude d'ennemis.

Ces ennemis sont-ils plus dangereux en dehors qu'en dedans des administrations ? L'influence d'un homme en place, quelque médiocre que soit cette place, n'est-elle pas mille fois plus grande que quand il est rendu à la vie privée ? Dailleurs, je vous l'ai dit vous ne gagnerez pas ces hommes que vous prétendez réconcilier à vos principes : vos caresses leur semblent une fausseté ; car ils sentent bien que vous ne pouvez pas les aimer; le système de fusion que vous suivez les fait rire, car ils savent que ce système vous mène à votre perte. Et pour prouver que vous êtes incapables de gouverner, pour justifier leurs nouveaux complots, ils apporteront en témoignages contre vous, votre indulgence et vos bienfaits.

Enfin, je veux que les autorités ne s'abandonnent pas à leurs inimitiés politiques; mais comment les empêcherez-vous d'être fidèles à des penchans plus excusables sans doute, et toutefois aussi dangereux? Dans le système des administrations actuelles, les vertus d'un homme sont aussi à craindre que ses vices? Il faut qu'il étouffe, pour vous servir, les plus doux sentimens de la nature ; il faut qu'il arrête son ami, qu'il poursuive peut-être son bienfaiteur : vous le placez entre ses penchans et ses devoirs, et vous faites dépendre votre sûreté de son ingratitude.

CHAPITRE LXXI.

Que les Epurations partielles sont une injustice.

Après tout, puisqu'on avait embrassé le système des intérêts révolutionnaires, c'était une chose forcée que repousser celui des épurations. Mais lorsqu'on suit une route, il faut y marcher franchement, rondement; et c'est ce qu'on ne fit pas. On prit encore le plus mauvais parti, dans un mauvais parti : on en vint aux épurations partielles ; et l'on convertit ainsi un grand acte de justice en une injustice criante.

Il y a un esprit de justice chez les hommes, qui fait qu'on ne se plaint point d'une mesure générale, lorsqu'elle est fondée sur la raison et sur les faits ; mais une mesure particulière, qui n'a l'air que du caprice, révolte tout le monde, et ne satisfait personne.

Quel a été le résultat des épurations partielles ? Tel homme a perdu sa place ou sa pension, pour avoir signé une seule fois l'acte additionnel ; tel autre qui l'a signé quatre ou cinq fois, en quatre ou cinq qualités différentes, conserve ses places et ses pensions.

Celui-ci aura accepté un emploi pendant les cent jours, et il sera déclaré indigne de le garder aujourd'hui ; celui-là se sera conduit de la même manière, et conserve ce qu'il avait mal acquis.

Un fonctionnaire public descend du haut rang qu'il avait conservé sous Buonaparte après l'avoir reçu de Louis XVIII : on le punit ; mais son voisin avait sollicité de l'usurpateur le même rang, et ne l'avait point obtenu. Dédaigné de Buonaparte, il jouit du témoignage d'une conscience pure, de la gloire de la fidélité, et des faveurs du gouvernement légitime.

Des fédérés ont reçu l'institution royale, et un magistrat qui dans une cour obscure a prêté un misérable serment, éprouve toute la sévérité de l'épuration.

Comme il faut que tout soit compensé dans cette vie, des juges royalistes, des citoyens qui se sont conduits avec courage pendant les cent jours ont perdu leur emploi, et on a mis à leurs places des partisans de l'usurpateur : tant on s'est piqué d'impartialité ! Encore n'a-t-on pas réellement écarté certains fonctionnaires, désignés par l'opinion publique ; on les a seulement ôtés d'une province, pour les faire passer avec plus d'avantages dans une autre.

Un homme que je ne connaissais pas, et qui avait

été éloigné par l'effet des épurations, vint un jour me demander quelques services. Il eut la naïveté de me dire qu'un ministre lui avait promis de le replacer aussitôt que *cette chambre furibonde* serait renvoyée. J'admirai la grandeur de la Providence, et je bénis Dieu de ce que cet honnête homme était venu s'adresser à moi.

Ces demi-épurations prolongées produisent encore un autre mal. Elles sèment la division dans les provinces ; elles encouragent les petites vengeances, les jalousies secrètes, les dénonciations. Chacun dans l'espoir d'obtenir la place de son voisin, ne manque pas de raconter ce qu'a fait ce voisin, ou d'inventer sur son compte quelques calomnies. Si l'on avait d'abord frappé un grand coup, qu'on en fût venu à une large épuration, on se serait soumis, et la vindicte publique eût été satisfaite. On se plaint aujourd'hui des dénonciations, et on a raison : mais à qui la faute ? N'est-ce pas les tergiversations et les demi-mesures qui les ont fait naître ? il faut savoir ce que l'on veut quand on administre : mieux aurait-il fallu dire : « Il n'y aura point d'épuration », et tenir ferme, que de n'avoir la force ni de suivre le système opposé, ni de le rejeter entièrement.

CHAPITRE LXXII.

Sur l'incapacité présumée des Royalistes, et la prétendue habileté de leurs adversaires.

Enfin, et c'est ici la dernière opinion qui nous reste à examiner : on prétend que les royalistes sont incapables ; qu'il n'y a d'habiles que les hommes sortis de l'école de Buonaparte, ou formés par la révolution.

Apporte-t-on quelque raison en preuve de cette assertion ? Aucune ; mais on regarde la chose comme démontrée. « Nous voulons bien des royalistes, nous dit-on ; mais donnez-nous en que nous puissions employer, faute de quoi nous prendrons les administrateurs de Buonaparte, puisqu'eux seuls ont du talent. »

Ainsi l'on remonte encore la chaîne, et l'on retourne au premier anneau : les royalistes ne peuvent être utiles, parce qu'ils manquent de capacité et de savoir; l'épuration est donc impossible, parce qu'on n'aurait plus personne pour administrer. Il faut donc gagner les hommes habiles qu'on est forcé d'employer; donc il faut ménager les intérêts révolutionnaires.

J'ai une question préliminaire à proposer. La plupart de ceux qui ont gouverné la France depuis la révolution, étaient-ils des royalistes ? Si l'on répond par l'affirmative, j'avoue que le système qui condamne les serviteurs du roi comme incapables n'est que trop vrai. Les fautes ont été énormes ! Mais il y aura du moins cette petite consolation : si l'incapacité est le caractère distinctif du royalisme, il faut convenir qu'on a calomnié certains administrateurs, lorsqu'on a prétendu qu'ils n'étaient pas attachés à la monarchie : je les tiens pour les sujets les plus fidèles qui furent oncques dans le royaume de saint Louis.

Résout-on la question que j'ai faite par la négative, je demande alors si la manière dont la France a été conduite les deux dernières années, prouve que les administrateurs sortis de la révolution sont d'habiles gens ? Qu'auraient fait de pis les royalistes, s'ils eussent été appelés au maniement des affaires C'est une chose vraiment curieuse que des hommes qui sont tombés au moindre choc, qui n'ont pas fait un pas sans faire une chûte, qui ont laissé Buonaparte revenir de l'île d'Elbe, et la France périr entre leurs mains, que ces hommes osent se vanter de leur capacité, se donner l'air de mépriser les serviteurs du roi ? Et comment pouvez-vous dire que les royalistes sont incapables, puisque vous ne les avez pas employés ? Vous dont l'administration a été si funeste, vous n'avez pas le droit de les juger dédaigneusement, avant de les avoir mis à l'œuvre. Essayez une fois ce qu'ils peuvent : s'ils se montrent plus ignares que vous, s'ils font plus de fautes que vous n'en avez faites, vous reprendrez alors les rênes, et tous vos systèmes seront justifiés.

On peut affirmer une chose. Avant l'époque du 20 mars 1815, si toutes les administrations eussent été royalistes, elles n'auraient peut-être pas empêché le retour de l'homme de l'île d'Elbe ; mais à coup sûr, elles n'auraient ni trahi le roi, ni servi l'usurpateur pendant les cent jours. Quatre-vingt-trois préfets imbécilles, si l'on veut, mais résistant à la fois sur la surface de la France, seraient devenus assez fâcheux pour Buonaparte. Dans certain cas, la fidélité est du talent, comme l'instinct du bon La Fontaine était du génie.

CHAPITRE LXXIII.

Danger et fausseté de l'opinion qui n'accorde d'habileté qu'aux hommes de la révolution.

C'est un bien faux et bien dangereux système, un système dont l'expérience nous a coûté bien cher, que celui qui ne voit de talent pour la France que dans les hommes de la révolution. Buonaparte, a dit mon noble ami, M. de Bonald, a pu former des administrateurs, mais il n'a pu créer des hommes d'Etat : belle observation dont voici le commentaire.

Qu'est-ce qu'un ministre sous un despote ? C'est un homme qui reçoit un ordre, qui le fait exécuter, juste ou injuste, et qui dispensé de toute idée, ne connaît que l'arbitraire, n'emploie que la force.

Transportez ce ministre dans une monarchie constitutionnelle : obligez-le de penser pour son propre compte, de prendre un parti, de trouver les moyens de faire marcher le gouvernement, en respectant toutes les lois, en ménageant toutes les opinions, en se glissant entre tous les intérêts, vous verrez se rapetisser cet homme, que vous regardiez peut-être comme un géant. Tous ses chiffres, tous ses résultats positifs, tous ses résumés de statistique lui manqueront à la fois. Il ne lui servira plus de rien de savoir combien un département renferme de bétail, combien tel autre fournit de légumes, de poules et d'œufs; Smith et Malthus lui deviendront inutiles. Aussitôt que les combinaisons morales et politiques entreront pour quelque chose dans la science du gouvernement, cette tête carrée se trompera sur tout, cet administrateur distingué ne sera plus qu'un sot.

J'ai vu les coryphées de la tyrannie déconcertés, étonnés, et comme égarés au milieu d'un gouvernement libre. Etrangers aux moyens naturels de ce gouvernement, la religion et la justice, ils voulaient toujours appliquer les forces physiques à l'ordre moral. Moins propres à cet ordre de choses que le dernier des royalistes, ils se sentaient arrêtés par des bornes invisibles; ils se débattaient contre une puissance qui leur était inconnue. De là leurs mauvaises lois, leurs faux systêmes, leur opposition à tous les vrais principes. Ce qui fut esclave ne comprend-pas l'indépendance; ce qui est impie est mal à son aise au pied des autels. Ne croyons pas que tous les hommes de la révolution aient conservé leur fatal génie ! Sous un gouvernement moral et régulier, ce qu'ils possédaient de facultés pour le mal, est devenu inutile. Ils sont pour ainsi dire morts au milieu du monde nouveau qui s'est formé autour d'eux; et nous ne voyons plus errer parmi nous que leurs ombres, ou leurs cadavres animés.

CHAPITRE LXXIV.

Que le Systême des intérêts révolutionnaires, amenant indirectement le renversement de la Charte, menace de destruction la Monarchie légitime.

Je crois avoir démontré que le système des intérêts révolutionnaires ne s'appuie que sur des principes erronés; qu'en le suivant, on a été obligé de se jeter dans les hérésies les plus inconstitutionnelles; que les mesures administratives prises en conséquence de ce système, ont amené des oppositions, résultat inévitable de l'ordre faux dans lequel on a placé les choses et les hommes.

Ce n'est pas tout : je n'ai considéré jusqu'ici que le peu de solidité du système ; je vais en faire voir le danger.

Il conduit d'abord indirectement à la subversion de la Charte; car si nous avons toujours, comme on doit l'espérer, des députés courageux et libres, ils combattront les maximes révolutionnaires ; et pour se débarrasser de ces surveillans importuns, il faudra bien violer la constitution. Aussi qu'est-ce que les ministériels ne disent point de la Charte, même à la tribune ! Comme ils l'expliquent et l'interprètent ! à quoi ne la réduiraient-ils point, s'ils étaient les maîtres ! Et pourtant, à les entendre, c'est nous qui ne sommes pas constitutionnels ; c'est moi peut-être qui ne veut pas de la Charte !

Quand le système des intérêts révolutionnaires ne produirait que la destruction du plus bel ouvrage du roi, ce serait déjà, je pense, un assez grand mal ; mais je soutiens de plus, que c'est un des principaux moyens employés par la faction révolutionnaire pour renverser de nouveau la monarchie légitime.

Il faut parler : le temps des ménagemens est passé. Puissé-je être un prophète menteur ! Puissent mes alarmes n'avoir d'autre source que l'excès de mon amour pour mon roi, pour son auguste famille ! Mais dussé-je attirer sur ma tête les haines de parti, les fureurs des intérêts personnels, j'aurai le courage de tout dire. Si je me fais illusion, s'il n'y a pas de danger, le vent emportera mes paroles; s'il y a au contraire conspiration et péril, je pourrai faire ouvrir les yeux aux hommes de bonne foi. Complot dévoilé est à demi détruit: ôtez aux factions leur masque, vous leur enlevez leur force.

CHAPITRE LXXV.

Qu'il y a conspiration contre la Monarchie légitime.

Je dis donc qu'il y a une véritable conspiration formée contre la monarchie légitime.

Je ne dis pas que cette conspiration ressemble à une conspiration ordinaire ; qu'elle soit le résultat des machinations d'un certain nombre de traîtres prêts à porter un coup subit, à tenter un enlèvement, un assassinat, bien qu'il s'y mêle aussi des dangers de cette sorte : Je dis seulement qu'il existe une conspiration, pour ainsi dire forcée, d'intérêts *moraux* révolutionnaires, une association naturelle de tous les hommes qui ont à se reprocher quelque crime ou quelque bassesse ; en un mot une conjuration de toutes les illégitimités contre la légitimité.

Je dis que cette conspiration agit de toutes parts et à tous momens ; qu'elle s'oppose par instinct à tout ce qui peut consolider le trône, rétablir les principes de la religion, de la morale, de la justice et de l'honneur. Elle ignore le moment de son succès ; diverses causes peuvent le hâter ou le retarder, mais elle se croit sûre de ce succès. En attendant elle travaille à le préparer ; et le principal moyen d'action lui est fourni par *le système des intérêts révolutionnaires*.

CHAPITRE LXXVI.

Doctrine secrète cachée derrière le système des intérêts révolutionnaires.

Derrière le système que l'on prétend devoir suivre pour la sûreté du trône, pour la paix de l'état, se cachent les motifs secrets qui l'ont fait adopter, la doctrine dont il doit amener le triomphe.

Il passe pour constant dans un certain parti, qu'une révolution de la nature de la nôtre, ne peut finir que par un changement de dynastie, d'autres plus modérés disent par un changement dans l'ordre de successibilité à la couronne : je me donnerai garde d'entrer dans des développemens de cette opinion criminelle.

Qui veut-on mettre sur le trône à la place des Bourbons ? A cet égard les avis sont partagés, mais ils s'accordent tous sur la *nécessité* de déposer la famille légitime. Les Stuarts sont l'exemple cité. L'histoire les tente : sans l'échafaud de Charles I, la France n'aurait point vu celui de Louis XVI ; tristes imitateurs, vous n'avez pas même inventé le crime.

Comment puis-je prouver qu'une doctrine aussi épouvantable est mistérieusement voilée sous le système des intérêts révolutionnaires ?

Il me suffit de jetter un coup-d'œil sur les pamphlets et les journaux des cent jours.

J'ai lu depuis, et d'autres ont lu comme moi, des écrits qui ne laissent rien dans l'ombre, pas même le nom. Dans les épanchemens de la table, ou dans la chaleur de la discussion, autre sorte d'ivresse, la franchise et la légéreté se sont souvent trahies. Mais quand les preuves directes me manqueraient pour être convaincu, je n'aurais qu'à regarder *ce qui se passe* autour de moi : partout où j'observe un plan uniforme dont les parties se lient et se coordonnent entre elles, je suis forcé de convenir que ce dessin regulier n'a pu être tracé par les caprices du hasard : une conséquence me fait chercher un principe ; et par la nature de l'effet j'arrive à connaître le caractère de la cause.

Marquons le but et suivons la marche de la conspiration.

CHAPITRE LXXVII.

But et marche de la conspiration. Elle dirige ses premiers efforts contre la Famille royale.

Ce que j'appelle la conspiration des intérêts moraux révolutionnaires, a pour but principal de changer la dynastie, pour but secondaire d'imposer au nouveau souverain les conditions que l'on voulait faire subir au roi à Saint-Denis : prendre la cocarde tricolore, se reconnaître roi par la grace du peuple, rappeler l'armée de la Loire et les représentans de Buonaparte, si ceux-ci existent encore au moment de l'événement. Ce projet, qui n'a jamais été abandonné, va sortir tout entier de l'observation des faits placés sous nos yeux.

Il est convenu d'abord qu'on parlera du roi comme les royalistes même; qu'on reconnaîtra en lui ces hautes vertus, ces lumières supérieures que personne ne peut méconnaître. Le roi qu'on a tant outragé pendant les cent jours, est devenu le très-juste objet des louanges de ceux qui l'ont indignement trahi, qui sont prêts à le trahir encore.

Mais ces démonstrations d'admiration et d'amour ne sont que les excuses de l'attaque dirigée contre la famille royale. On affecte de craindre l'ambition des princes qui, dans tous les tems se sont montrés les plus fidèles et les plus soumis des sujets. On parle de l'impossibilité d'administrer, dans un gouvernement constitutionnel, avec *divers centres* de pouvoir. On a éloigné les princes du conseil, on a voulu retirer à Monsieur la garde nationale. Msr. le duc d'Angoulême a été proposé pour protecteur de l'Université, comme une espèce de prince de la jeunesse : c'est un moyen d'attaquer les générations naissantes à une famille qu'elle connaît à peine ; les enfans sont susceptibles de dévouement et d'enthousiasme : rien ne serait plus éminemment politique que de leur donner pour tuteur le prince qui doit devenir leur roi : cela serait-il adopté ?

La raison de cette conduite est facile à découvrir : la faction qui agit sur des ministres loyaux et fidèles, mais qui ne voient pas le précipice où on les pousse, cette faction veut changer la dynastie : elle s'oppose donc à tout ce qui pourrait lier la France à ses maîtres légitimes. Elle craint que la famille royale ne jette de trop profondes racines; elle cherche à l'isoler, à la séparer de la couronne ; elle affecte de dire, elle ne cesse de répéter que les affaires pourront se soutenir en France pendant la vie du roi, mais qu'après lui nous aurons une révolution : elle habitue ainsi le peuple à regarder l'ordre des choses actuel comme transitoire : on renverse plus aisément ce que l'on croit ne pas devoir durer.

Si l'on cherche à ôter toute puissance aux héritiers de la couronne, on cherche, on essaie, mais bien vainement, de leur enlever le respect et les vénérations des peuples : on rit de leur piété, on calomnie leurs vertus ; les journaux étrangers sont chargés de cette partie de l'attaque par des correspondans officieux ; et dans nos propres journaux n'a-t-on pas vu imprimées des choses aussi déplacées qu'étranges ? A qui en veut-on lorsqu'on publie les intrigues de quelques subalternes ? Si elles ne compromettent que ces hommes, méritent-elles d'occuper l'Europe ? Si elles touchent par quelque point à des noms illustres, quel singulier intérêt met on à les faire connaître ? Ceux qui ne veulent pas la liberté de la presse, conviendront du moins que dans des questions aussi embarrassantes, cette liberté fournirait une réponse, sinon satisfaisante, du moins sans réplique.

Apprenons à distinguer les vrais des faux royalistes : les premiers sont ceux qui ne séparent jamais le roi de la famille royale, qui les confondent dans un même dévouement et dans un même amour, qui obéissent avec joie au sceptre de l'un, et ne craignent point l'influence de l'autre; les seconds sont ceux qui feignant d'idolâtrer le monarque, déclament contre les princes de son sang, cherchent à planter le lis dans un désert, et voudraient arracher tous les rejettons qui accompagnent sa noble tige.

On peut dans les temps ordinaires, quand tout est tranquille, quand aucune révolution n'a ébranlé l'autorité de la couronne, on peut se former des maximes sur la part que les princes doivent prendre au gouvernement; mais quiconque, après nos malheurs, après tant d'années d'usurpation, ne sent pas la nécessité de multiplier les liens entre les Français et la famille royale, d'attacher les peuples et les intérêts aux descendans de Saint Louis; quiconque a l'air de craindre pour le trône les héritiers du trône, plus qu'il ne craint les ennemis de ce trône, est un homme qui marche à la folie, ou court à la trahison.

CHAPITRE LXXVIII.

La conspiration se sert du système des intérêts révolutionnaires pour mettre ses agens dans toutes les places.

ATTAQUER par toutes sortes de moyens la famille royale; avoir toujours en perspective un malheur que tout bon Français voudrait racheter de sa vie, et qu'il se flatte de ne jamais voir; espérer comme suite de ce malheur l'exil éternel des princes, s'endormir et se réveiller sur ces effroyables espérances : voilà ce que la secte ennemie recommande d'abord à ses initiés.

Ensuite elle fait les derniers efforts pour soutenir, étendre et propager le système des intérêts révolutionnaires : elle le présente aux timides comme un port de salut, aux sots comme une idée de génie, aux dupes comme un moyen d'affermir la royauté.

Par l'établissement complet de ce système, les révolutionnaires espèrent que toutes les places se trouveront dans leurs mains au moment de la catastrophe. Les autorités diverses étant alors dans le même intérêt, le changement s'opérera, comme au 20 mars, d'un commun accord, sans résistance, sans coup férir. Qu'en coûte-t-il à ces hommes pour tourner le dos à leurs maîtres? N'ont-ils pas abandonné Buonaparte lui-même? Dans l'espace de quelques mois n'ont-ils pas pris, quitté et repris tour-à-tour la cocarde blanche et la cocarde tricolore? Le passage d'un courrier à travers la France faisait changer les cœurs et la couleur du ruban. Voyez avec quelle simplicité admirable ils vous parlent de leur signature au bas de l'acte additionnel : ils n'ont rien fait de mal, ils sont innocens comme Abel. Ils ont écrit contre les Bourbons des calomnies abominables ; ils les ont insultés par des proclamations trop connues : hé bien, ils vont faire aujourd'hui la cour à nos princes avec ces proclamations dans la poche. Ils parlent monarchie légitime, loyauté, dévouement, sans grimacer. On dirait qu'ils sortent des forêts vendéennes, et ils arrivent du Champ-de-Mai. Ils ont raison, puisque toutes les fois qu'ils violent la foi jurée, ils obtiennent un emploi de plus. Comme on compte l'âge des vieux cerfs aux branches de leur ramure, on peut aujourd'hui compter les places d'un homme par le nombre de ses sermens.

C'est donc bien vainement que vous espérez qu'ils vous demeureront attachés, quand vous leur aurez confié les autorités de la France. Comme avant le 20 mars, ils ne recherchent les places que pour mieux vous perdre. Déjà ils se vantent de leurs succès : ils deviennent insolens ; ils ne peuvent contenir leur joie, en voyant prospérer le système des intérêts révolutionnaires.

« Si nous vous avons trahis, disent-ils, c'est que
« vous ne nous aviez donné que les trois quarts des
« places. Donnez-nous les toutes, et vous verrez comme
« nous serons fidèles. » Augmentez la dose du poison, et vous verrez qu'au lieu de vous tuer, il vous guérira! Et il y a de prétendus royalistes qui soutiennent

eux-mêmes cette monstrueuse absurdité! Tout ce qu'on peut dire, c'est que s'ils ont été royaliste ils ne le sont plus.

CHAPITRE LXXIX.

La Faction envahit toutes les places.

La faction demande donc toutes les places dans tous les ministères, elle réussit plus ou moins à les obtenir. Elle s'éleva avec chaleur contre l'inamovibilité des juges : de vertueux jacobins qui ne peuvent plus être déposédés sont des hommes très-utiles; ils gardent en sûreté le feu sacré, et tendent une main secourable à leurs frères.

Aux Finances, et dans les Directions qui en dépendent, le système des intérêts révolutionnaires s'est maintenu avec vigueur. Un commis retourne dans le village, où il a été trop connu pendant les cent jours. Que pensent les gens de la campagne en revoyant cet homme ? Que cet homme avait raison de leur annoncer la catastrophe du 20 mars avant les cent jours, et qu'il a sans doute encore raison lorsqu'il se sert en partant de cette phrase si connue : *Quand* L'AUTRE *reviendra*.

A l'Intérieur des intérêts révolutionnaires avaient d'abord succombé. L'alarme a été au camp; l'impulsion royaliste donnée aux préfectures a fait peur : le parti a réuni ses forces. On a d'abord mis un obstacle aux nominations et aux destitutions trop franches, en faisant soumettre ces nominations et ces destitutions à l'examen du conseil des ministres : de sorte que le ministre de la justice fait des officiers-généraux et le ministre de la guerre des hommes de loi.

Si cette bizarre solidarité était également admise pour tous les ministres, il faudrait se contenter de rire; mais elle ne s'applique qu'aux ministres soupçonnés de royalisme. Ceux qui sont connus pour soutenir franchement le système des intérêts révolutionnaires, ont toute liberté de placer des hommes suspects et d'éloigner des hommes dévoués.

Ces arrangemens n'ont pas rassuré le parti; il est parvenu à faire renverser le ministre : alors les espérances se sont ranimées. On se flatte de faire perdre au royalisme tout le terrain qu'il avait gagné dans cette partie de l'administration. La garde nationale a été attaquée. Déjà des préfets *trop royalistes* ont été rappelés; d'autres sont menacés. On aura soin, surtout, de déplacer les amis du trône, si on est assez heureux pour obtenir la dissolution de la chambre des députés, et qu'il faille en venir à des élections nouvelles : alors il sera plus facile au parti de diriger et d'influencer les choix.

CHAPITRE LXXX.

La Guerre.

C'est avec difficulté que d'autres ministres, connus par leur royalisme, se maintiennent dans leur place; mais on en veut, sur-tout, au ministre de la guerre; on ne lui pardonne pas son noble dévouement; on lui pardonne encore moins d'avoir formé une gendarmerie excellente et une armée qui brûle du désir de verser son sang pour son roi. Il faut, à tout prix, détruire cet ouvrage, qui rendrait vains les efforts des conspirateurs. Si l'on ne peut d'abord renverser le ministre, il faut essayer de le dépopulariser dans le parti royaliste; il faut l'obliger à donner des *gages*, le forcer à quelques destitutions fâcheuses, à quelque choix malheureux. On cherche en même temps à faire revivre l'armée de la Loire : estimons son courage, mais donnons-nous garde de lui rendre un pouvoir dont elle a trop abusé. L'armée de Charles VII se retira aussi sur les bords de la Loire : mais la Hire et Dunois combattaient pour les fleurs de lis, et Jeanne d'Arc sauva Orléans pour le roi comme pour la France.

CHAPITRE LXXXI.

La Faction poursuit les Royalistes.

La faction s'empare ainsi de tous les postes, recule lentement quand elle y est forcée, avance avec célérité quand elle voit le moindre jour, et profite de nos fautes autant que de ses victoires. Pateline et audacieuse, son langage ne prêche que modération, oubli du passé, pardon des injures ; ses actions annoncent la haine et la violence. En même temps qu'elle soutient ses amis, qu'elle les porte au pouvoir, qu'elle les établit dans les places afin de s'en servir au moment critique, elle décourage, insulte, persécute les royalistes pour ne pas les trouver sur son chemin dans ce même moment.

Elle a inventé un nouveau jargon pour arriver à son but. Comme elle disait au commencement de la révolution les *aristocrates*, elle dit aujourd'hui les *ultra-royalistes*. Les journaux étrangers à sa solde, ou dans ses intérêts, écrivent tous simplement les *ultra*. Nous sommes donc des *ultra*, nous tristes héritiers de ces aristocrates dont les cendres reposent à Picpus et au cimetière de la Madeleine. Par le moyen de la police, la faction domine les papiers publics, et se moque en sûreté de ceux à qui la défense n'est pas permise. La grande phrase reçue, c'est *qu'il ne faut pas être plus royaliste que le roi*. Cette phrase n'est pas du moment ; elle fut inventée sous Louis XVI : elle enchaîna les mains des fidèles, pour ne laisser de libre que le bras du bourreau.

Si les royalistes essaient de se réunir pour se reconnaître, pour se prémunir contre les coalitions des méchans, on s'empresse de les disperser. Des autorités avancent cette abominable maxime, qu'il faut proscrire un bon principe qui a de mauvais résultats, comme on proscrirait un principe pervers : frappez donc la vertu ; car, presque toujours dans ce monde, ce qu'elle entreprend tourne à sa ruine ! Un royaliste est assimilé à un jacobin ; et, par une équité bien digne du siècle, la justice consiste à tenir la balance égale entre le crime et l'innocence, entre l'infamie et l'honneur, entre la trahison et la fidélité.

CHAPITRE LXXXII.

Suite du précédent.

LE dévouement est l'objet éternel des plaisanteries de ces hommes qui ne craindraient pas le supplice inventé par les anciens peuples de la Germanie pour les infâmes : on les ensevelirait dans la boue, qu'ils y vivraient comme dans leur élément. Le voyage de Gand est appelé par eux *le voyage sentimental*. Ce bon mot est sorti du cerveau de quelques commis qui, toujours fidèles à leur place, ont servi avant, pendant et après les cent jours, de ces honnêtes employés bien payés aujourd'hui par le roi, qui ont applaudi de tout leur cœur au voyageur sentimental de l'île d'Elbe, et qui attendent son retour de Sainte-Hélène !

Allez proposer un soldat de l'armée de Condé à ces loyaux administrateurs : « Nous ne voulons, ré- » pondent-ils, que des hommes qui ont envoyé des » balles au nez des alliés. » J'aimerais autant ceux qui ont envoyé des balles au nez des buonapartistes.

On met sur la même ligne Larochejaquelein, tombant en criant *vive le Roi* dans les mêmes champs arrosés du sang de son illustre frère, et l'officier mort à Waterloo en blasphémant le nom des Bourbons. On donne la croix d'honneur au soldat qui combattit à cette journée ; et le volontaire royal qui quitta tout pour suivre son roi, n'a pas même le petit ruban qu'on promit à Alos, à sa touchante fidélité. Ainsi, tandis qu'on exécute les décrets de Buonaparte, datés des Tuileries au mois de mai 1815, on ne reconnaît point les ordonnances du roi signées à Gand dans le même mois. On paie le chevalier de la légion d'honneur, mais le chevalier de Saint-Louis, courbé par les ans, est à l'aumône : trop heureux ce dernier quand on lui achète une méchante redingotte pour couvrir sa nudité, ou quand on lui donne un billet avec lequel il pourra du moins faire panser, par les fille de la Charité, de vieilles blessures méprisées comme la vieille monarchie. Enfin, c'est une sottise, une faute, un crime, de n'avoir pas servi Buonaparte. N'allez pas dire, si vous voulez placer ce jeune homme, qu'il s'est racheté de la conscription au prix d'une partie de sa fortune ; qu'il a été errant, persécuté, emprisonné, pour ne pas prêter son bras à l'usurpateur ; qu'il n'a jamais fait un serment, accepté une place ; qu'il s'est conservé pur et sans tache pour son roi ; qu'il l'a accompagné dans sa dernière retraite, au risque de s'exposer avec lui à un exil éternel : ce sont là autant de motifs d'exclusion. « Il n'a pas servi, vous répondra-t-on froidement ; il ne sait rien. » Mais il sait l'honneur ? Pauvre principe ! Le siècle est plus avancé que cela.

Mais venez : proposez, pour vous dédommager de ce refus, un homme qui aura tout accepté, depuis la haute dignité de porte-manteau jusqu'à la place de marmiton impérial. Parlez ; que voulez-vous ? Choisissez dans la magistrature, l'administration, l'armée. Cent témoins vont déposer en faveur de votre client ; ils attesteront qu'ils l'ont vu veiller dans les antichambres avec un courage extraordinaire. Il ne veut qu'une décoration ; c'est trop juste. Vîte un chevalier pour lui donner l'accolade ; attachez à sa boutonnière la croix de Saint-Louis : c'est un homme prudent ; il la mettra dans sa poche en tems et lieu.

Celui-là était facile à placer, j'en conviens ; il était sans tâche. Mais vous hésitez à présenter celui-ci. Il a foulé sa croix de Saint-Louis aux pieds pendant les cent jours. Bagatelle ; excès d'énergie : ce caractère bouillant est un vin généreux que le temps adoucira.

Un homme, pendant les cent jours, a été l'écrivain des charniers de la police ; faites-lui une pension :

il faut encourager les talens. Un autre est venu à Gand, au péril de sa vie, proposer au roi de l'argent et des soldats ; il sollicite une petite place dans son village : donnez cette place au douanier qui tira sur cet *ultra*-royaliste lorsqu'il passait à la frontière.

Vous n'avez pas obtenu la nomination de ce juge ? Mais ne saviez-vous pas qu'elle était promise à un prêtre marié ? Un ci-devant préfet avait prévariqué : un rapport était prêt ; on arrête ce rapport ; et pourquoi ? Ne voyez-vous pas, répond-on, que le rapport vous empêcherait de placer cet homme ?

Où sont vos certificats ? dit-on au meilleur royaliste, qui sollicite humblement la plus petite place. Il y a vingt-cinq ans qu'il souffre pour le roi ; il a tout perdu, sa famille et sa fortune. Il a des recommandations des princes, de cette princesse, peut-être, dont la moindre parole est un oracle pour quiconque reconnaît la puissance de la vertu, de l'héroïsme et du malheur. Ces titres ne sont pas jugés suffisans. Arrive un buonapartiste ; les fronts se déridenṭ ; ses papiers *étaient à la police ;* il les a perdus lors du renvoi de M. Fouché. C'est un malheur ; on le croit sur sa parole. « Entrez, mon ami, voilà votre brevet. » Dans le système des intérêts révolutionnaires, on ne saurait trop tôt employer un homme des cent jours : qu'il aille encore, tout chaud de sa trahison nouvelle, tout infect de sa récente infidélité, empester le palais du roi, comme Messaline rapportait jusque dans le lit des Césars l'odeur des lieux de débauche témoins de ses prostitutions impériales.

CHAPITRE LXXXIII.

Ce que l'on se propose en persécutant les royalistes.

Cette tactique a pour but de fatiguer les amis du trône, d'enlever à la couronne ses derniers partisans : on espère les jeter dans le désespoir, les pousser à des imprudences dont on profiterait contre eux et contre la monarchie légitime; on se flatte du moins qu'ils feront ce qu'ils ont toujours fait, et ce qui les a toujours perdu, qu'ils se retireront.

Depuis le commencement de la révolution, tel a été le sort des royalistes: dépouillés d'abord on n'a cessé depuis de triompher de leur malheur. On prend à tâche de leur répéter qu'ils n'ont rien, qu'ils n'auront rien. On leur a rouvert la France; mais on a écrit pour eux sur la porte comme sur celle des Enfers : « Entre, qui que tu sois, et laisse l'espérance. » On reprend la loi qui les a frappés; on l'aiguise on la retourne dans leur sein comme un poignard. Offrent-ils ce qui leur reste, leurs bras et leurs services ? on les repousse. Le nom de royaliste semble être un brevet d'incapacité, une condamnation aux souffrances et à la misère. Aux partisans du système des intérêts révolutionnaires, se joignent les prédicateurs de l'ingratitude. Les royalistes, disent-ils, ne sont pas dangereux; il est inutile de s'occuper de leur sort. S'il survient un orage, nous les retrouverons. Et vous ne craignez pas de flétrir par des propos inconsidérés, de laisser languir dans l'oppression et la pauvreté ceux dont vous avez une si haute idée ! Quels hommes que ceux-là que vous repoussez dans la fortune, et dont vous vous réservez la vertu pour le temps de vos malheurs !

Vous avez raison ! ils ne se lasseront pas, ils consommeront leur sacrifice : leur patience est inépuisable comme leur amour pour leur roi.

CHAPITRE LXXXIV.

La Faction poursuit la Religion.

Les royalistes défendraient le roi, il faut les écarter; l'autel soutiendrait le trône, il faut l'empêcher de se rétablir. Le système des intérêts révolutionnaires est surtout incompatible avec la religion : les plus grands efforts du parti se dirigent contre elle, parce qu'elle est la pierre angulaire de la légitimité.

On a tâché d'abord d'exciter une guerre civile dans le Midi, avec le dessein d'en rejeter l'odieux sur les catholiques. On a rendu vains les projets des chambres : aucunes des propositions religieuses adoptées par elles n'est sortie du porte-feuille des ministres : double avantage pour les intérêts révolutionnaires : le prêtre marié continue à toucher sa pension, et le curé meurt de faim.

Ainsi, l'on n'a encore presque rien fait depuis le retour du fils aîné de l'Eglise, pour guérir les plaies, ou mettre fin au scandale de l'Eglise : et pour pourtant que ne doit point ce royaume à la religion catholique ! Le premier apôtre des Français dit au premier roi des Français montant sur le trône : « Sicambre, adore ce que tu as méprisé; brûle ce que tu as adoré. » Le dernier apôtre des Français dit au dernier roi des Français descendant du trône : « fils de saint Louis, montez au ciel. » C'est entre ces deux mots qu'il faut placer l'histoire des roi très-chrétiens, et chercher le génie de la monarchie de Saint Louis.

On n'a point adopté les propositions favorables au clergé, mais on a regretté vivement la loi du 23 septembre. On sait très-bien que cette loi est une mauvaise loi de finances mais c'est une bonne mesure révolutionnaire. On sait très-bien que dix millions de rentes restitués aux églises ne feraient pas la fortune du clergé, mais ce serait un acte de justice et de religion : et il ne faut ni justice ni religion, parce qu'elles contrarient le système des intérêts révolutionnaires.

Toutes choses allant comme elles vont, dans vingt-cinq ans d'ici il n'y aura de prêtres en France que pour attester qu'il y avait jadis des autels. Le parti connaît le calcul ; et pour empêcher la race sacerdotale de renaître, il s'oppose à ce qu'on lui fournisse les moyens d'une existence honorable. Il n'ignore pas que des pensions insuffisantes, précaires, soumises à toutes les détresses du fics et à tous les événemens politiques, ne présentent pas assez d'avantages aux familles pour qu'elles consacrent leurs enfans à l'état ecclésiastique. Les mères ne vouent pas facilement leurs fils au mépris et la pauvreté : là partie est donc sûre, si elle est jouée avec persévérance. Je ne sais si la patience appartient à l'enfer comme au ciel, à cause de son éternité, mais je sais que, dans ce monde, elle est donnée au méchant. La destruction physique et matérielle du culte est certaine en France, pourvu que les ennemis secrets de la légitimité, tantôt sous un prétexte, tantôt sous un autre, parviennent à tenir le clergé dans l'état d'abjection où il est maintenant plongé.

Au milieu de ses enfans massacrés, sur le champ de bataille où elle est tombée, en défendant le trône de Saint Louis, la Religion blessée étend encore ses mains défaillantes, pour parer les coups qu'on porte au roi ; mais ceux qui l'ont renversée sont attentifs, et toutes les fois qu'elle fait un effort pour se relever, ils frappent un coup pour l'abattre. Un prélat vénérable avait obtenu la direction des affaires religieuses ; la distribution du pain des martyrs n'était plus confiée à ceux qui l'ont pétri avec l'ivraie, et qui ne vendent pas même à bon poids ce pain amer. On s'est hâté de faire remettre les choses telles et pires qu'elles étaient sous Buonaparte : le prêtre est rentré sous l'autorité du laïque, et la religion est venue se replacer sous la surveillance du siècle.

Lorsqu'un vicaire veut toucher le mois échu de sa pension, il faut qu'il présente un certificat de vie au maire du lieu ; celui-ci en écrit au sous-préfet qui s'adresse à son tour au préfet dont la prudence en réfère au chef de division de l'Intérieur, chargé de la direction des cultes : le chef en parle au ministre. Enfin, cette grande affaire mûrement examinée, on compte 12 liv. 10 s. sur quittance, à l'homme qui console les affligés, partage son denier avec les pauvres, soulage les infirmes, exhorte les mourans, donne la sépulture aux morts, prie pour ses ennemis, pour la France et pour le roi.

Quelques biens ecclésiastiques étaient aliénés sans contrat légal ; on les a découverts ; on a craint que leurs détenteurs ne trouvassent le moyen de les rendre aux églises : vîte on s'est hâté de rappeler les biens aux domaines.

Ce n'est pas assez d'empêcher le prêtre de vivre, il faut encore lui ôter, s'il est possible, toute considération aux yeux des peuples. Ce qu'on n'avait pas vu sous le règne des athées, on a trouvé piquant de le montrer sous le règne du roi très-chrétien : un prêtre a été cité, comme un criminel, à comparaître au tribunal de la police correctionnelle : il y est venu en soutane et en rabat, s'asseoir sur les bancs des prostituées et des filoux. Le peuple a été étonné, et la cause a cessé d'être publique.

Cette haine de la religion est le caractère distinctif de ceux qui ont fait notre perte, qui méditent encore notre ruine. Ils détestent cette religion, parce qu'ils l'ont persécutée, parce que sa sagesse éternelle et sa morale divine sont en opposition avec leur vaine sagesse et la corruption de leur cœur. Jamais ils ne se réconcilieront avec elle. Si quelques-uns d'entr'eux montraient seulement quelque pitié pour un prêtre, tout le parti se croirait dégénéré de ses vertus, et menacé d'un grand malheur. Rome, au temps de ses mœurs, fut consternée de voir une femme plaider devant les tribunaux ; ce manque de pudeur parut à la république annoncer quelque calamité, et le sénat envoya consulter l'Oracle.

Mais comment comprendre que ceux qui peuvent quelque chose sur nos destinées, qui prétendent vouloir la monarchie légitime, rejettent la religion ? L'impiété ne nous a-t-elle pas fait assez de mal ? Le sang et les larmes n'ont-ils pas assez coulé ? N'y a-t-il pas eu assez de proscriptions, de spoliations, de crimes ? Non : on remet encore en question les injustices révolutionnaires; on entend encore débiter les mêmes sophismes qu'en 1789. Les prêtres, après le massacre des Carmes, les déportations à la Guyane, les mitraillades de Lyon, les noyades de Nantes, après le meurtre du roi, de la reine, de madame Élisabeth, du jeune roi Louis XVII, les prêtres dépouillés de tout, sans pain, sans asile, sont encore pour des hommes d'Etat des *calotins*. Eh bien, si nous en sommes là, je ne crains pas d'annoncer que le souhait du philosophe Diderot s'accomplira.

CHAPITRE LXXXV.

Haine du parti contre la Chambre des Députés.

Quelque chose dans l'ordre politique, comme dans l'ordre religieux, contrarie-t-il le système des intérêts révolutionnaires, et conséquemment s'oppose-t-il au renversement de la famille légitime, le parti frémit, se soulève, tonne, éclate : de là sa fureur contre la chambre des députés. Quelle pitié d'entendre aujourd'hui les *constitutionnels* nier l'existence des gouvernemens représentatifs, soutenir qu'une chambre des députés doit se réduire à la passive obéissance, combattre la liberté de la presse, préconiser la police, enfin changer entièrement de rôle et de langage! ils traitaient d'esprits bornés, d'esclaves, d'ennemis des lumières, ceux qui professaient les principes qu'ils adoptent aujourd'hui. Sont-ils convertis? Non, c'est toujours le même *libéralisme*. Mais les doctrines constitutionnelles ont enfin amené la chambre actuelle des députés, mais cette chambre veut à la fois la liberté et la religion, la constitution et le roi légitime : furieux contre ce résultat de vingt-cinq ans de rébellion, ils ne veulent plus de la chambre. Alors il faut déclamer contre le gouvernement représentatif, parce qu'ils sont arrêtés par sa vigilance; contre la liberté de la presse, qui ne serait plus à leur profit, quittes à reprendre les principes libéraux lorsque la dynastie sera changée, et qu'on n'aura plus à craindre le rétablissement des autels.

Il faut convenir que la chambre des députés a fait deux choses qui ont dû la faire prendre en horreur aux partisans du système des intérêts révolutionnaires. En bannissant les régicides, en arrêtant la vente des domaines nationaux, elle a arrêté la révolution : comment jamais lui pardonner ?

Aussi que n'a-t-on pas tenté pour la détruire après l'avoir tant calomniée ! Elue par les colléges électoraux, choisie parmi les plus grands propriétaires de la France, dans tous les rangs de la société, n'a-t-on pas voulu persuader aux étrangers qu'il n'y avait personne aux colléges électoraux qui l'ont élue, et qu'elle n'est composée que d'émigrés sans propriétés ? Quel bonheur si au lieu de ces députés fanatiques qui n'entendent qu'au nom de Dieu et du roi, on avait pu avoir des révolutionnaires éclairés, souples, qui, rampant sous l'autorité, n'auraient opposé aucune résistance aux volontés des ministres jusqu'au jour où, tout étant arrangé, ils auraient déclaré, au nom du peuple souverain, que le peuple voulait changer son maître !

Mille projets ont été formés pour se débarrasser de la chambre : tantôt on voulait la dissoudre, mais il n'y a pas de loi d'élections ; tantôt on prétendait en renvoyer un cinquième, mais comment régler les séries ? Et d'ailleurs gagnerait-on quelque chose à cette faible réélection ? Enfin la passion a été poussée si loin qu'on a rêvé l'ajournement indéfini des chambres, la suspension de la Charte, et la continuation de l'impôt par des ordonnances. Nous avons vu dans le journal officiel de la police l'éloge d'un ministère étranger qui a remis à un autre temps la constitution promise, qui gouverne *seul* avec une modération parfaite, paie scrupuleusement les dettes de l'Etat, et se fait adorer du peuple. Entendez-vous, peuple français ? Peuple grossier ?

> Quoi ! toujours les plus grandes merveilles,
> Sans ébranler ton cœur frapperont tes oreilles !

Une chambre de bons jacobins, qu'on appellerait *modérés*, ou point de chambres, voilà le système des partis. Dans l'une ou l'autre chance il y a tout à gagner pour lui : avec des *modérés* de cette nature, on peut tout détruire, avec un ministère à soi on arrive également à tout. Bientôt ces *libéraux*, qui poussent à l'arbitraire, feraient un crime à la couronne de cet arbitraire qu'ils conseillent.

Je frémis en déroulant un plan si bien ordonné, et dont le résultat est infaillible, à moins qu'on ne se hâte d'y apporter remède. Qui ne serait inquiet en voyant une armée qui manœuvre si bien, qui mine, attaque, envahit, fait usage de toutes les armes, enrôle les ambitieux, et séduit les ables; qui se donne les honneurs d'une opinion indépendante, en prêchant l'autorité absolue; faction pourtant sans talens réels, mais douée d'astuce; faction lâche, poltrone, facile à écraser, que l'on peut faire rentrer en terre d'un seul mot; mais qui, lorsqu'elle aura tout gangrené, tout corrompu, lorsqu'il n'y aura plus de danger pour elle, lèvera subitement la tête, arrachera sa couronne de lis, et prenant le bonnet rouge pour diadème, offrira cette pourpre à l'illégitimité.

Mais comment pouvez-vous croire, me dira-t-on, que tels et tels hommes, si connus par leurs sentimens royalistes, par leurs actions mêmes, par leur caractère moral et religieux, parce qu'ils sont dans un système politique contraire au vôtre, entrent dans une conjuration contre les Bourbons?

Cette objection est grande pour ceux qui n'y regardent pas de si près, et qui jugent sur les dehors; la réponse est facile.

Celui-ci donc a servi le roi toute sa vie : mais il est ambitieux, il n'a point de fortune, il a besoin de places, il a vu la faveur aller à une certaine opinion, et il s'est jeté de ce côté. Celui-là avait été irréprochable jusqu'aux cent jours; mais pendant les cent jours il a été faible, et dès lors il est devenu irréconciliable : on punit les autres de la faute qu'on a faite, sur-tout quand cette faute décèle autant le manque de jugement que la faiblesse du caractère; les grands intérêts sont moins ennemis des Bourbons que les petites vanités.

Tel pendant les cent jours a été héroïque, mais depuis les cent jours son orgueil a été blessé, une querelle particulière l'a fait passer sous les drapeaux qu'il a combattus. Tel est religieux, mais on lui a persuadé qu'en parlant *à présent* des intérêts de l'Eglise, on manquait de prudence, et qu'on nuisait à ces intérêts par trop de précipitation. Tel chérit la monarchie légitime, mais abhorre la noblesse et n'aime pas les prêtres. Tel est attaché aux Bourbons, les a servis, les servirait encore ; mais il veut aussi la liberté, les résultats politiques de la révolution, et il s'est mis ridiculement en tête que les royalistes veulent détruire la liberté, et revenir sur tout ce qui a été fait. Tel pourrait croire à quelques dangers, s'il n'était convaincu que ceux qui les signalent, ne crient que parce qu'ils ont été déjoués dans leurs intrigues et leurs ambitions particulières. Tels enfin, et c'est le plus grand nombre, sont frivoles ou pusillanimes, ne veulent que la tranquillité et les plaisirs, craignent jusqu'à la pensée de ce qui pourrait les troubler, et se rangent du côté de la puissance, croyant embrasser le parti du repos.

Toutes ces personnes ne trahissent pas la monarchie légitime, mais elles servent d'instrumens à la faction qui la trahit : en les voyant soutenir des hommes pervers et des opinions révolutionnaires, la foule qui ne raisonne pas croit que la raison est du côté de ces opinions et de ces hommes pervers. Ils entraînent ainsi par l'autorité de leur exemple, et affaiblissent le bataillon des fidèles. Quand l'événement viendra les réveiller, quand, surpris par la catastrophe, ils s'appercevront qu'ils ont été les dupes des misérables qu'ils protégent, qu'ils ont servi de marche-pied à l'usurpation; alors ils se feront loyalement tuer aux pieds du monarque, mais la monarchie sera perdue.

CHAPITRE LXXXVI.

Politique extérieure du Système des intérêts révolutionnaires.

COMMENT parlerai-je du dernier appui que cherchent les intérêts révolutionnaires ? Qui aurait jamais imaginé que des Farnçais, pour conserver de misérables places, pour faire trihompher les principes de la révolution, pour amener la destruction de la légitimité, iraient jusqu'à s'appuyer sur des autorités autres que celles de la patrie, jusqu'à menacer ceux qui ne pensent pas comme eux, de forces qui, grâce au ciel ne sont pas entre leurs mains?

Mais vous qui nous assurez, les yeux brillans de joie, que les étrangers veulent vos systèmes (ce que je ne crois pas du tout), vous qui semblez mettre vos nobles opinions sous la protection des baïonnettes européennes, ne reprochiez-vous pas aux royalistes de revenir dans les bagages des alliés? Ne faisiez-vous pas éclater une haine furieuse contre les princes généreux qui voulaient délivrer la France de la plus infâme oppression? Que sont donc devenus ces sentimens héroïques? Français si fiers, si sensibles à l'honneur, c'est vous-mêmes qui cherchez aujourd'hui à me persuader qu'on vous PERMET tels sentimens, *ou* qu'on vous COMMANDE telle opinion. Vous ne mourriez pas de honte, lorsque vous proclamiez pendant la session, qu'un ambassadeur voulait absolument que le projet du ministère passât, que la proposition des chambres fut rejetée. Vous voulez que je vous croie, quand vous venez me dire aujourd'hui (ce qui n'est sûrement qu'une odieuse calomnie), qu'un ministre français a passé trois heures avec un ministre étranger pour aviser au moyen de dissoudre la chambre des députés. Vous racontez confidemment qu'on a communiqué une ordonnance à un agent diplomatique, et qu'il l'a fort approuvée : et ce sont là des sujets d'exaltation et de triomphe pour vous! Quel est le plus Français de nous deux, de vous qui m'entretenez des étrangers quand vous me parlez des lois de ma patrie, de moi qui ai dit à la chambre des pairs les paroles que je répète ici :
« Je dois sans doute au sang français qui coule dans
» mes vaines cette impatience que j'éprouve, quand,
» pour déterminer mon suffrage, on me parle d'o-
« pinions placées hors de ma patrie ; et si l'Europe ci-

» vilisée voulait m'imposer la Charte, j'irais vivre à
« Constantinople. «

Ainsi la faction a mis les royalistes dans cette position critique : S'ils veulent combattre le système des intérêts révolutionnaires, on les menace de l'Europe pour les forcer au silence ; si cette menace leur ferme la bouche, on fait marcher en paix le système destructeur, et avec lui la conspiration contre la légitimité.

Hé bien, ce sera moi qui, à mes risques et périls, élèverai la voix ; moi qui signalerai cette abominable intrigue du parti qui veut notre perte. Et comment les mauvais Français qui soutiennent leurs sentimens par une si lâche ressource, ne s'apperçoivent-ils pas qu'ils vont directement contre leur but ? Ils connaissent bien peu l'esprit de la nation. S'il était vrai qu'il y eût du danger dans les opinions royalistes, vous verriez par cette raison même toute la France s'y précipiter ; un Français passe toujours du côté du péril, parce qu'il est sûr d'y trouver la gloire.

Au reste, faut-il s'étonner que des hommes qui ont été offrir la couronne des Bourbons à quiconque voulait la prendre, qui demandaient, selon leur expression, *une pique* et *un bonnet de cosaque* plutôt qu'un descendant d'Henri IV, faut-il s'étonner que leur politique ressemble à leurs affections ? Comprendraient-ils que ce n'est pas en se mettant sous les pieds d'un maître, qu'on se fait respecter ; qu'une conduite noble est sans danger ? Tenez fidèlement vos traités ; payez ce que vous devez ; donnez, s'il le faut, votre dernier écu ; vendez votre dernier morceau de terre, la dernière dépouille de vos enfans, pour payer les dettes de l'Etat ; le reste est à vous : vous êtes nus, mais vous êtes libres.

Eloignons de vaines terreurs : les princes de l'Europe sont trop magnanimes pour intervenir dans les affaires particulières de la France. Ils ont adopté cette haute politique de Burke : « La France, dit ce grand homme d'Etat, doit être conquise et rétablie par elle-même, en la laissant à sa propre dignité. Il serait peu honorable, il serait peu décent, il serait encore moins politique pour les puissances étrangères, de se mêler des petits détails de son administration intérieure, dans lesquels elles ne pourraient se montrer qu'ignorantes, incapables et oppressives (1). » Les alliés ont-eux-mêmes délivré leur propre pays du joug des Français ; ils savent que les nations doivent jouir de cette indépendance qu'on peut leur arracher un moment, mais qu'elles finissent toujours par reconquérir : *spoliatis arma supersunt*. Si lors même que notre roi n'était pas encore rentré dans sa patrie, les monarques de l'Europe ont eu la générosité de déclarer qu'ils ne s'immisceraient en rien dans le gouvernement intérieur de la France, nous persuadera-t-on aujourd'hui qu'ils s'alarment de ces débats qui sont de la nature même du gouvernement représentatif ? qu'ils ont trouvé mauvais que nous ayons discuté l'existence de la cour des comptes et l'inamovibilité des juges ? qu'ils vont s'armer, parce que nos députés veulent rendre quelque splendeur à des autels arrosés du sang de tant de martyrs, ou parce qu'ils ont cru devoir éloigner les assassins de Louis XVI ? N'est-ce pas insulter ces grands monarques que de nous les représenter accourant au secours d'un spoliateur ou d'un régicide, faisant marcher leurs soldats pour soutenir un receveur d'impôts qui chancelle, ou un ministre qui tombe ?

L'Europe n'a pas moins d'intérêt que les vrais Français à défendre la cause de la religion et de la légitimité : elle doit voir avec plaisir le zèle de nos députés à repousser les doctrines funestes qui l'ont mise à deux doigts de sa perte. Quand nos tribunes retentissaient de blasphèmes contre Dieu et contre les rois, les rois justement épouvantés ont pris les armes : vont-ils aujourd'hui marcher contre ceux qui font des efforts pour ramener les peuples à la crainte de Dieu

---

(1) Remarks on the Policy of the Allies with respect to France, pag. 146. October 1793.

et à l'amour des rois! Qui a fait la guerre à l'Europe, qui l'a ravagée, qui a insulté tous les princes, qui a ébranlé tous les trônes ? Ne sont-ce pas les hommes que les royalistes combattent ? Certes, si par la permission de la divine Providence, on voyait aujourd'hui les princes de la terre soutenir les auteurs de tous leurs maux ; s'ils prêtaient la main à la destruction des autels, au renversement de la morale et de la justice, de la véritable liberté et de la royauté légitime ; il faudrait reconnaître que la révolution française n'est que le commencement d'une révolution plus terrible ; il faudrait reconnaître que le christianisme, prêt à disparaître de l'Europe, la menace, par son extinction, d'un bouleversement général. Les grandes catastrophes dans l'ordre politique accompagnent toujours les grandes altérations dans l'ordre religieux : tant il est vrai que la religion est le vrai fondement des empires !

Hommes de bonne foi, qui ne suivez que par une sorte de fatalité le système des intérêts révolutionnaires, j'ai rempli ma tâche ; vous êtes avertis ; vous voyez maintenant où ce système vous mène : me croirez-vous ? je ne le pense pas. Vous prendrez pour les passions d'un ennemi, ce qui est la franche et sincère conviction d'un honnête homme. Un jour peut-être, et il n'en sera plus temps, vous regretterez de ne m'avoir pas écouté : vous reconnaîtrez alors quels étaient et quels n'étaient pas vos amis. Vous vous confiez aujourd'hui à des hommes qui flattent vos passions, caressent votre humeur, chatouillent vos faiblesses ; à des hommes qui vous égarent, qui tiennent derrière vous sur votre compte les propos les plus méprisans, et sont les premiers à rire de ce qu'ils appellent votre incapacité. Ils vous poussent à des fautes dont ils profitent. Vous croyez qu'ils vous servent avec zèle ; les uns ne veulent que votre place, les autres que la ruine du trône que vous soutenez. Je vous le prédis, et j'en suis certain, vous n'arriverez point au but en suivant le système des intérêts révolutionnaires ;

vous pensez y toucher, une fatale illusion vous trompe:
Athamas, jouet d'une puissance ennemie, croyait déjà
reconnaître le port d'Ithaque, le temple de Minerve,
la forteresse, la maison d'Ulysse; et il croyait déjà voir
au milieu de ses sujets tranquilles, dans l'antique palais de
Laërte, ce roi si fameux par sa sagesse, qui revenu de l'exil
éprouvé par le malheur avait appris à connaître les
hommes; mais quand le nuage vint à se dissiper, il
ne vit plus qu'une terre inconnue où vivait un peuple
en butte aux factions, en guerre avec ses voisins, et
que gouvernait un roi étranger poursuivi par la colère des dieux.

CHAPITRE LXXXVII.

Est-il un moyen de sauver la France?

Je laisserais trop d'amertume dans le cœur des bons Français, en terminant ainsi mon travail. L'ouvrage d'ailleurs ne serait pas complet. Si j'ai exposé sans déguisement les périls dont nous sommes menacés, parce que j'ai pensé qu'il était nécessaire de nous réveiller au bord de l'abîme; si j'ai des craintes vives et fondées, j'ai aussi des espérances qui balancent ces craintes; le mal est grand, mais le remède est infaillible.

Dans aucun de mes écrits je n'ai jamais rien avancé qu'avec défiance. Pour la première fois de ma vie j'oserai prendre le langage affirmatif; j'oserai dire que je me crois sûr, très-sûr d'avoir trouvé le moyen, *l'unique* moyen de sauver notre patrie. Ce moyen s'est sans doute présenté à beaucoup d'autres esprits, il est si simple, mais il n'a jusqu'ici, du moins que je sache, été suivi ni développé par personne. Les préjugés, les passions, les intérêts empêcheront peut-être de l'employer aujourd'hui; mais je n'hésite point à prononcer qu'il faudra, ou que l'administration l'adopte, ou que la France périsse.

Je vais dérouler mon plan; ce n'est point une utopie : en fait de gouvernement, il ne faut que des choses pratiques.

CHAPITRE LXXXVIII.

Principes généraux dont on s'est écarté.

Les premières sociétés ont pu être formées par une agrégation d'hommes que réunissaient des intérêts et des passions; mais elles ne se sont conservées qu'autant qu'elles ont établi dans leur sein la religion, la morale et la justice.

Aucune révolution n'a fini que l'on ne soit revenu à ces trois principes fondamentaux de toute humaine société.

Aucun changement politique chez un peuple n'a pu se consolider, qu'il n'ait eu pour base l'ancien ordre politique auquel il a succédé.

Quand les rois disparurent de Rome, il n'y eut presque rien de changé dans Rome; les Dieux surtout restèrent au Capitole.

Quand Charles II remonta sur le trône de ses pères, la religion recouvra sa force, ses richesses et sa splendeur. On punit quelques criminels, on écarta quelques hommes faibles. Le parlement conserva les droits politiques qu'il avait acquis; le reste reprit son cours, et marcha avec les anciennes mœurs.

Voilà ce que nous n'avons pas voulu faire; et voilà pourquoi la monarchie légitime est menacée de nouveaux malheurs.

CHAPITRE LXXXIX.

Système d'administration à substituer à celui des intérêts révolutionnaires.

D'après les principes que je viens de rappeler, voici le système à suivre pour sauver la France. Il faut conserver l'ouvrage politique, résultat de la révolution, consacré par la Charte, mais extirper la révolution de son propre ouvrage au lieu de l'y enfermer comme on l'a fait jusqu'à ce jour.

Il faut, autant que possible, mêler les intérêts et les souvenirs de l'ancienne France dans la nouvelle, au lieu de les en séparer ou de les immoler aux intérêts révolutionnaires.

Il faut bâtir le gouvernement représentatif sur la religion, au lieu de laisser celle-ci comme une colonne isolée au milieu de l'état.

Ainsi, je veux toute la Charte, toutes les libertés, toutes les institutions amenées par le temps, le changement des mœurs et le progrès des lumières, mais avec tout ce qui n'a pas péri de l'ancienne monarchie, avec la religion, avec les principes éternels de la justice et de la morale et surtout *sans* les hommes trop connus qui ont causé nos malheurs.

Quelle singulière chose de prétendre donner à un peuple des institutions généreuses, nobles, patriotiques, indépendantes, et d'imaginer qu'on ne peut établir ces institutions qu'en les confiant à des mains qui n'ont été ni généreuses, ni nobles, ni patriotiques, ni indépendantes ; de croire qu'on peut former un présent sans un passé, planter un arbre sans racines, une société sans religion ! C'est faire le procès à tous les peuples libres ; c'est renier le consentement unanime des nations, c'est mépriser l'opinion des plus beaux génies de l'antiquité et des temps modernes.

Mon projet a du moins l'avantage d'être conforme aux règles du sens commun, et d'accord avec l'expérience des siècles. L'exécution en est facile ; il vaut la peine d'être essayé. Qu'avons-nous gagné à suivre l'ornière où nous nous traînons depuis trois ans ? Tâchons d'en sortir. Nous avons déjà brisé le char une fois ; si nous nous obstinons de nouveau, nous n'arriverons pas au terme du voyage.

CHAPITRE CX.

Développement du système: comment le Clergé doit être employé dans la restauration.

Lorsque Dagobert fit rebâtir Saint-Denis, il jeta dans les fondations de l'édifice ses joyaux et ce qu'il avait de plus précieux : jetez aussi la religion et la justice dans les fondations de votre nouveau temple.

Toutes les propositions de la chambre des députés, relativement au clergé, non-seulement étaient justes autant que morales, mais encore éminemment politiques. Les esprits superficiels n'ont point vu cela; mais que voient-ils.

Voulez-vous faire aimer et respecter les institutions nouvelles ? Que le clergé aime et prêche de cœur les institions. Conduisez-les à l'antique autel de Clovis avec le roi ; qu'elles y soient marquées de l'huile sainte ; que le peuple assiste à leur sacre, si j'ose m'exprimer ainsi, et leur règne commencera. Jusqu'à ce moment la Charte manquera de sanction aux yeux de la foule: la liberté, qui ne nous viendra pas du ciel, nous semblera toujours l'ouvrage de la révolution, et nous ne nous attacherons point à la fille de nos crimes et de nos malheurs. Que serait-ce, en effet, qu'une Charte que l'on croirait en péril toutes les fois que l'on parlerait de Dieu et de ses prêtres ? une liberté dont les alliés naturels seraient l'impiété, l'immoralité et l'injustice ?

Mais pour que le clergé s'attache à votre gouvernement, levez donc l'espèce de proscription dont il est encore frappé et qui semble tenir à ce gouvernement même; faites que celui qui distribue le pain de vie puisse donner la charité au lieu de la recevoir; et que prenant par lui-même à l'ordre politique, le ministre de Dieu ne soit plus étranger aux hommes.

Ainsi, permettez aux églises d'acquérir ; rendez-leur le reste des domaines sacrés non encore vendus. Il est prouvé, par l'exemple de la Grande-Bretagne, que l'existence d'un clergé propriétaire n'est point incompatible avec celle d'un gouvernement constitutionnel. Dire que, parce que l'Eglise possédera quelques terres, le clergé redeviendra un corps politique en France, c'est une chimère que les ennemis de la religion mettent en avant sans y croire. Ils savent parfaitement combien nos mœurs et nos idées s'opposent aujourd'hui à tout envahissement du clergé. Ne voyons-nous pas des gens tout aussi sincères craindre à présent la puissance de la cour de Rome? Ceux qui crient aujourd'hui aux *papistes*, disait le docteur Johnson, auraient crié au feu pendant le déluge.

On fait valoir la générosité, la patience, la résignation du clergé qui ne demande rien, qui souffre en silence pendant que tout le monde murmure et réclame quelque chose. Il est curieux d'argumenter de ses vertus pour le laisser mourir de faim, c'est pour ces vertus même qu'il faut lui donner.

Qui recevra les biens dont je veux qu'on remette la jouissance au clergé? Les biens n'appartenaient pas aux églises en général; ils étaient le patrimoine particulier d'ordres monastiques, d'abbayes, d'évêchés même qui n'existent plus.

Que j'aime à voir ces tendres sollicitudes et ces soucis vraiment paternels! Mais rendez toujours, et laissez faire ceux à qui vous aurez rendu. Il est probable que l'Eglise, qui ne s'entend pas trop mal en administration, trouvera moyen, aussi bien que vous, de gérer et de répartir quelques chétives propriétés.

Le clergé sera donc organisé; il aura donc un conseil administratif. Quel mal cela vous fera-t-il? Les villes, les communes, les fabriques, les hôpitaux, ne possèdent-ils pas, n'ont-ils pas aussi des assemblées pour diriger leurs affaires?

Par cette opération salutaire, le peuple se trouvera d'abord soulagé d'une partie de l'impôt qu'il paie pour le culte. A mesure que les églises acquerront, on diminuera les secours que l'Etat est obligé de leur fournir.

Le clergé reprendra en même temps cette dignité qui naît de l'indépendance. Devenu propriétaire, ou du moins trouvant une existence honorable dans les propriétés de l'Eglise, il s'intéressa à la propriété commune. Cet acte de justice l'attachera au gouvernement : engagé par la reconnaissance, vous aurez bientôt dans vos rangs un auxiliaire dont la force égalera le zèle.

Augmentez ensuite son penchant pour la monarchie nouvelle, en lui rendant, par-tout où cela sera possible la tenue des registres de l'état civil.

Quand le législateur peut choisir entre des institutions, il doit préférer la plus morale à celle qui l'est moins. Le chrétien reçu par un prêtre en venant au monde, inscrit sous le nom et la protection d'un saint à l'autel du Dieu vivant, semble, pour ainsi dire, protester en naissant contre la mort, et prendre acte de son immortalité. L'Eglise, qui l'accueille à son premier soupir, paraît lui apprendre encore que les premiers devoirs de l'homme sont les devoirs de la religion, et ceux-là renferment tous les autres. Ces idées si nobles et si utiles ne s'attachent point aux registres purement civils : c'est un catalogue d'esclaves pour la loi, et de conscrits pour la mort.

Il n'y a aucun doute que l'éducation publique ne doive être remise entre les mains des ecclésiastiques et des congrégations religieuses aussitôt que l'on pourra : c'est le vœu de la France.

Que la pairie appartienne au siége de tous les archevêchés de France ; qu'il y ait dans la chambre des pairs le banc des évêques, comme il existe dans la chambre des lords en Angleterre. Je ne vois rien qui puisse empêcher encore qu'un ecclésiastique soit élu membre de la chambre des députés ; la Charte ne s'y oppose pas, s'il est propriétaire ; cela ne blesserait ni nos mœurs ni nos souvenirs, puisque le clergé formait autrefois le premier ordre de nos Etats-généraux, et que nous sommes également accoutumés à l'entendre parler dans la chaire et dans les assemblées politiques.

Je ne doute point que le clergé, tenant au sol de la France par la propriété des églises, prenant une part active à nos institutions civiles et politiques, ne fournit en même temps une classe de citoyens aussi dévoués que nous-mêmes à la Charte. Depuis le commencement de la monarchie jusqu'à nos jours, il est incontestable que les talens supérieurs se sont trouvés placés dans l'Eglise : elle a fourni nos plus grands ministres, comme elle nous a donné nos plus éloquens orateurs et nos premiers écrivains. Répandus dans le corps social, les prêtres y porteraient une influence salutaire, ils guériraient les plaies faites par la révolution, appaiseraient le bouillonnement des esprits, corrigeraient les mœurs, rétabliraient peu-à-peu les idées d'ordre et de justice; déracineraient les fausses doctrines, introduiraient de toutes parts la religion qui est le ciment des institutions humaines, et la morale qui donne la perpétuité à la politique.

Mais l'esprit du clergé ne sera-t-il pas en opposition avec l'esprit du gouvernement constitutionnel? Et depuis quand la religion chrétienne est-elle ennemie d'une liberté réglée par les lois ? L'Evangile n'a-t-il pas été prêché à toute la terre? n'est-ce pas un de ses caractères divins que de pouvoir s'appliquer à toutes les formes de société ?

Dans le moyen âge, l'Italie était couverte de républiques, et l'Italie était aussi catholique, quelle l'est aujourd'hui. Les trois cantons d'Uri, de Schwist et d'Underwald ne professent-ils pas également la religion catholique, et n'y a-t-il pas déjà quatre siècles qu'ils ont donné à l'Europe barbare l'exemple de la liberté? En Angleterre, un clergé riche et puissant est le plus ferme appui du trône, comme de la constitution britannique; et le temps n'est pas éloigné sans doute où le clergé catholique irlandais jouira des bienfaits de cette belle constitution.

Enfin, si vous laissez, comme on l'a fait jusqu'ici, le clergé en dehors de tout, vous le rendrez nécessairement ennemi, ou du moins indifférent ; une grande partie de l'opinion le suivra et se détachera de vous. Ce clergé, tout pauvre, tout misérable que vous l'aurez laissé, créera malgré vous un empire dans un empire. Il se rappellera bien plus le rang qu'il occupait jadis en France quand vous le tiendrez à l'écart, que lorsque vous l'aurez admis à tout ce qu'il peut être. S'il se plaignait alors, ce serait sans justice, car il faut bien qu'il supporte les modifications éprouvées par les autres ordres de l'Etat.

Au reste, lorsque j'insiste, comme premier moyen de salut, sur la nécessité de faire rentrer la religion dans la monarchie, je ne prétends aller ni au-delà ni en-deçà du siècle : la raison est mon guide, et je sais très bien ce qui se peut et ce qui ne se peut pas. Sur ce point, j'ai exposé ma doctrine à la chambre des pairs ; qu'il me soit permis de la rappeler :

« Plus le haut rang de la pairie, disais-je, en parlant sur la lois des élections, semble nous éloigner de la foule, plus nous devons nous montrer les zélés défenseurs des priviléges du peuple. Attachons-nous fortement à nos nouvelles institutions, empressons-nous d'y ajouter ce qui leur manque. Pour relever l'autel avec des applaudissemens unanimes, pour justifier la rigueur que nous avons déployée dans la poursuite des criminels; soyons généreux en sentimens politiques ; réclamons sans cesse tout ce qui appartient à l'indépendance et à la dignité de l'homme. Quand on saura que notre sévérité religieuse n'est point de la bigoterie ; que la justice que nous demandons pour les prêtres n'est point une inimitié secrète contre les philosophes ; que nous ne voulons point faire rétrograder l'esprit humain ; que nous desirons seulement une alliance utile entre la morale et les lumières, entre la religion et les sciences, entre les bonnes mœurs et les beaux arts, alors rien ne nous sera impossible, alors tous les obstacles s'évanouiront; alors nous pourrons espérer le bonheur et la restauration de la France.

Trois choses, Messieurs, feront notre salut : le roi, la religion et la liberté. C'est comme cela que nous marcherons avec le siècle et avec les siècles, et que nous mettrons dans nos institutions la convenance et la durée. »

CHAPITRE XCI.

Comment la Noblesse doit entrer dans les élémens de la restauration.

La noblesse comme le clergé doit se mêler à nos institutions, pour apporter dans la société nouvelle la tradition de l'ancien honneur, la délicatesse des sentimens, le mépris de la fortune, le désintéressement personnel, la foi des sermens, cette fidélité dont nous avons un si grand besoin, et qui est la vertu distinctive d'un gentilhomme ; mais sur ce point j'ai peu de choses à désirer, et la noblesse est venue tout naturellement en vertu de la Charte prendre place dans le nouveau gouvernement.

Je me suis fort étendu dans les *Réflexions politiques* sur l'ancienne noblesse de France, et sur les avantages qu'elle trouverait dans la monarchie représentative. Je lui avais prédit que ceux de ses membres qui n'entreraient pas d'abord dans la chambre des pairs, trouveraient la plus belle carrière ouverte dans la chambre des députés. Je lui avais prédit encore qu'elle prendrait goût à l'ordre politique actuel. Avais-je tort ? Il y a tel gentilhomme, aujourd'hui député, qui certes n'aurait jamais cru arriver aux opinions où il est parvenu dans le cours de la session dernière. C'est le résultat naturel des choses : on aime ce qui nous procure des succès. Je le demande à ceux qui ont brillé dans cette assemblée, à ceux dont on a retenu les discours, à ceux dont la France et l'Europe répètent les noms, si le gouvernement représentatif leur paraît aujourd'hui contraire à leurs intérêts véritables ? Combien ils doivent être heureux de se voir environnés d'hommages, reçus en triomphe, pour avoir défendu à la fois le roi et le peuple, pour avoir fait entendre le langage de la religion, de la justice, de la loyauté et de l'honneur, depuis si long-temps oublié !

Les jalousies entre les ordres de l'Etat, premier principe de notre révolution, disparaîtront nécessairement un jour, par la composition naturelle de la chambre des députés : ce qu'on appelait autrefois le noble et le bourgeois, réunis pour le bien de la patrie, apprendront à s'estimer les uns les autres. Fiers de porter ensemble le beau nom de députés du peuple français, ils n'admettront plus entr'eux que cette inégalité qui vient de la différence des talens, et de la diversité des vertus.

Je suis donc persuadé que l'ancienne noblesse de France qui a déjà rejoint à l'armée tous ses nouveaux compagnons d'armes faits nobles par le courage et par l'honneur, cette noblesse qui vient de prendre une part si brillante à l'ordre politique, aura bientôt fait taire tous les regrets, et qu'elle deviendra une aussi ferme soutien de la monarchie représentative, qu'elle le fut de l'ancienne monarchie. La liberté n'est point étrangère à la noblesse française, et jamais elle ne reconnut dans nos rois de puissance absolue, que sur son cœur et sur son épée.

CHAPITRE XCII.

Continuation du précédent. Qu'il faut attacher les hommes d'autrefois à la Monarchie nouvelle. Eloges de cette Monarchie. Conclusion.

Depuis la restauration, quelques hommes de bonne foi, dupes des intérêts révolutionnaires, se sont efforcés de convertir les hommes d'aujourd'hui à l'ancienne royauté : c'est le contre-pied du vrai système. Ce sont les hommes d'autrefois qu'il faut réconcilier avec les nouvelles institutions.

Je conviens que nos malheurs ont pu faire naître contre le gouvernement représentatif des préjugés fort légitimes. Mais si l'ancien régime ne peut se rétablir, comme je crois l'avoir rigoureusement demontré dans les *Réflexions politiques*, que voudrait-on mettre à sa place ? Et d'ailleurs cet ancien régime, tout admirable qu'il pouvait être, n'avait-il pas eu comme l'ordre des choses actuel ses temps de crise et de détresse ? Nos vieillards se rappelant les jours sereins qui ont précédé nos tempêtes, peuvent croire qu'un calme aussi parfait était uniquement dû à la bonne constitution de l'ancien gouvernement ; mais si nous pouvions interroger nos pères qui vivaient du tempss de la Ligue, nous les entendrions peut-être accuser ce gouvernement aujourd'hui l'objet de nos regrets. Tout peut devenir cause de crimes, les principes les meilleurs, les plus saints établissemens : les hommes conserveraient peu de choses, s'ils rejettaient toutes les institutions qui ont été le prétexte ou le résultat de leurs malheurs.

La monarchie représentative peut n'être pas parfaite, mais elle a des avantages incontestables. Y a-t-il guerre au dehors, agitation au dedans ? elle se change en une espèce de dictature par la suspension de certaines lois. Une chambre est-elle factieuse ? elle est arrêtée par l'autre, ou dissoute par le roi. Le temps fait-il monter sur le trône un prince ennnemi de la liberté publique ? les chambres préviennent l'imvasion de la tyrannie. Quel gouvernement peut imposer des taxes plus pesantes, lever un plus grand nombre de soldats ! Les lettres et les arts fleurissent particulièrement sous cette monarchie : qu'un roi meure dans un empire despotique, les travaux qu'il a commencés sont interrompus. Avec des chambres toujours vivantes, sans cesse renouvelées, rien n'est jamais abandonné. Elles ressemblent sous ce rapport à ces grands corps religieux et littéraires qui ne mouraient point, et qui amenaient à terme les immenses ouvrages que des particuliers n'auraient jamais pu entreprendre, encore moins perfectionner et finir.

Chaque homme trouve sa place naturelle dans cette sorte de gouvernement, qui emploie nécessairement les talens et les lumières, qui sait se servir de tous les rangs, comme de tous les âges.

En France, autrefois, que devenait la plupart des hommes lorsqu'ils avaient atteint l'âge *destiné à recueillir les fruits que la jeunesse a promis* (1) ? Que leur restait-il à faire dans la plénitude de leurs ans, alors qu'ils jouissaient de toutes les facultés de leur esprit ? À charge aux autres et à eux-mêmes, dépouillés de ces passions qui animent la jeunesse, ou de ces avantages qui la font rechercher, ils vieillissaient dans une garnison, dans un tribunal, dans les antichambres de la cour, dans les sociétés de Paris, dans le coin d'un vieux château, oisifs par état, soufferts plutôt que désirés, n'ayant pour toute occupation que l'historiette de la ville, la séance académique, le succès de la pièce nouvelle, et pour les grands jours la chûte d'un ministre. Tout cela était bien peu digne d'un homme ! N'était-il pas assez dur de ne servir à rien dans l'âge où l'on est propre à tout ? Aujourd'hui les mâles occupations qui remplissaient l'existence d'un Romain, et qui rendent la carrière d'un Anglais si belle, s'offriront à nous de toutes parts. Nous ne perdrons plus le milieu et la fin de notre vie; nous serons des hommes quand nous aurons cessé d'être des jeunes gens. Nous nous consolerons de n'avoir plus les illusions du premier âge, en cherchant à devenir des citoyens illustres : on n'a rien à craindre du temps, quand on peut être rajeuni par la gloire.

Telles sont les considérations qu'il est à propos de présenter aux hommes de probité et de vertu, qui déjà repoussés par votre ingratitude et vos faux systèmes, n'auraient encore pour nos institutions nouvelles que de l'éloignement et du dégoût. Hâtons-nous de les appeler à notre secours. On a fait tant d'avances pour gagner de gens suspects ! Faisons quelques efforts pour environner le trône de serviteurs fi-

---

(1) Cit. *de Senect.*

dèles. C'est à ceux-ci qu'il appartient de diriger les affaires : ils rendront meilleur tout ce qui leur sera confié ; les autres gâtent tout ce qu'ils touchent. Qu'on ne mette plus les honnêtes gens dans la dépendance des hommes qui les ont opprimés, mais qu'on donne les bons pour guides aux méchans. C'est l'ordre de la morale et de la justice. Confiez donc les premières places de l'Etat aux véritables amis de la monarchie légitime. Vous en faut-il un si grand nombre pour sauver la France ? Je n'en demande que sept par département : un évêque, un commandant, un préfet, un procureur du roi, un président de la cour prévôtale, un commandant de gendarmerie, et un commandant de gardes nationales. Que ces sept hommes-là soient à Dieu et au roi, je réponds du reste.

Mais il ne faut pas qu'un ministère entrave, retienne, paralyse, tracasse, tourmente, persécute et destitue sept hommes ; qu'il leur donne tort en toute occasion contre les malveillans et les conspirateurs. Aussi point de ministres et de chefs de directions suspects, ou dans le système des intérêts moraux révolutionnaires. Que les premiers administrateurs ne persécutent personne ; qu'ils soient doux, indulgens, tolérans, humains ; qu'ils ne souffrent aucune réaction ; qu'ils embrassent franchement la Charte, et respectent toutes nos libertés. Mais qu'en même temps ils aient l'horreur des méméchans ; qu'ils donnent la préférence à la vertu sur le vice ; qu'ils ne fassent pas consister l'impartialité à placer ici un honnête homme et là un homme pervers : qu'ils favorisent toutes les lois justes ; qu'ils appuient hautement et ouvertement la religion ; qu'ils soient dévoués au roi et à la famille royale, jusqu'à la mort, s'il le faut, et la France sortira de ses ruines.

Quand à ces hommes capables, mais dont l'esprit est faussé par la révolution, à ces hommes qui ne peuvent comprendre que le trône de Saint-Louis a besoin d'être soutenu par l'autel et environné des vieilles mœurs, comme des vieilles traditions de la monarchie, qu'ils aillent cultiver leur champ. La France pourra les rappeler, quand leurs talens lassés d'être inutiles seront sincèrement convertis à la religion et à la légitimité.

Pour ce qui est du troupeau des administrateurs subalternes, il serait insensé de les juger avec rigueur : donnez-leur des chefs fidèles, des gardiens sûrs et vigilans, et vous n'aurez rien à craindre : d'ailleurs le temps des épurations est passé.

Dans le mouvement à donner aux affaires, consultez le génie des Français ; que l'administration soit économe sans être mesquine ; qu'elle soit sur-tout ferme, surveillante et animée.

« Sire », disais-je au roi dans mon Rapport fait à Gand, éviter les excès de Buonaparte, ne pas trop multiplier, à son exemple, les actes administratifs, était une pensée sage et utile. Cependant depuis vingt-cinq ans, les Français s'étaient accoutumés au gouvernement le plus actif que l'on ait jamais vu chez un peuple : les ministres écrivaient sans cesse, des ordres partaient de toutes parts ; chacun attendait toujours quelque chose ; le spectacle, l'acteur, le spectateur changeaient à tous les momens. Quelques personnes semblent donc croire qu'après un pareil mouvement, détendre trop subitement les ressorts serait dangereux. C'est, disent-elles, laisser des loisirs à la malveillance, nourrir les dégoûts, exciter des comparaisons inutiles. L'administrateur secondaire, accoutumé à être conduit dans les choses même les plus communes, ne sait plus ce qu'il doit faire, quel parti prendre. Peut-être serait-il bon dans un pays comme la France, si long-temps enchanté par les triomphes militaires, d'administrer vivement dans le sens des institutions civiles et politiques, de s'occuper ostensiblement des manufactures, du commerce, de l'agriculture, des lettres et des arts. De grands travaux commandés, de grandes récompenses promises, des prix, des distinctions éclatantes accordées aux talens, des concours publics donneraient une autre tendance aux mœurs, une autre direction aux esprits. Le génie du prince particulièrement formé pour le règne des arts, répandrait sur eux un éclat immortel. Certains de trouver dans leur roi le meilleur juge, le politique le plus habile, l'homme d'état le plus instruit, les Français ne craindraient plus d'embrasser une nouvelle carrière. Les triomphes de la paix leur feraient oublier les succès de la guerre : ils croiraient n'avoir rien perdu en changeant laurier pour laurier, gloire pour gloire. »

Il faut ensuite expédier matériellement beaucoup d'affaires, désencombrer, vider beaucoup de cartons, se mettre le plus possible au courant, de manière à dégager la marche de l'administration : c'est un travail de six mois.

Les sessions des chambres doivent être courtes, mais rapprochées. Que les projets de lois soient préparés d'avance avec soin. On apprendra un jour à les resserrer comme en Angleterre. C'est un vice capital de notre législation que les articles innombrables de nos projets de lois : ils amènent de force des discussions interminables et des amendemens sans fin. Quand les chambres ne seront plus contrariées, loin d'entraver, elles accroîtront la force et l'action du gouvernement.

Je ne poursuivrai pas plus loin les développemens de mon système. J'ai déjà signalé les principes les plus utiles dans les premiers chapitres de cet écrit. Il me resterait encore beaucoup de choses à indiquer touchant l'éducation, les lettres et les arts; mais il faut finir, et me borner aux grandes lignes politiques.

Je me résume en quelques mots.

La religion, base du nouvel édifice, la Charte et les honnêtes gens, les choses politiques de la révolution et non les hommes politiques de la révolution : voilà tout mon système.

Le contraire de ce système est précisément ce que l'on a adopté. On a toujours voulu les hommes beaucoup plus que les choses. On a gouverné pour les intérêts, nullement pour les principes. On a cru que l'œuvre et le chef-d'œuvre de la restauration consissait à conserver chacun à la place qu'il occupait. Cette stérile et timide idée a tout perdu : car les principaux auteurs de nos troubles ayant des intérêts opposés aux intérêts de la monarchie légitime, ne pouvant d'ailleurs que détruire et étant inhabiles à fonder, la restauration n'a point marché, et la France a été replongée dans l'abîme.

On se rassure vainement sur l'excellent esprit de la garde et de l'armée, sur la bonne composition de la gendarmerie : ce sont deux grandes choses sans doute, mais elles ne suffissent pas. Le système des intérêts révolutionnaires aurait bientôt détruit ce bel ouvrage. Partout où il s'insinue, il empoisonne, gâte et corrompt tout. Il détériore le bien, arrête les choses les plus heureusement commencées, persécute les hommes fidèles, les force à se retirer, décourage le zèle, favorise les malveillans ; et il triompherait tôt ou tard de la monarchie légitime.

Dans mon plan le succès de cette monarchie est assuré ; mais je sais qu'il faut du courage pour le suivre. Il est plus facile d'attaquer les choses qui se taisent que les hommes qui crient. Il est plus aisé de renverser une Charte qui ne se défend pas que des intérêts personnels qui font une vive résistance. Je n'en suis pas moins persuadé, qu'il n'y a de salut que dans la vérité politique que j'expose ici. Si les uns croyent que l'on peut revenir à toutes les anciennes institutions ; si les autres pensaient qu'on ne doit gouverner la France qu'avec les mains qui l'ont déchirée, ce serait de part et d'autre la méprise la plus funeste. La France veut les intérêts politiques et matériels créés par le temps et consacrés désormais par la Charte ; mais elle ne veut plus ni les principes ni les hommes qui ont causé nos malheurs. Hors de là tout est illusion ; et l'administration qui ne sentira pas cette vérité tombera dans des fautes irréparables.

Ma tâche est remplie. Je n'ai jamais écrit un ouvrage qui m'ait tant coûté. Souvent la plume m'est tombé des mains ; et dans des momens de découragement et de faiblesse, j'ai quelquefois été tenté de jetter le manuscrit au feu. Quelque soient pour moi les résultats de cet ouvrage, je le compterai au moins au nombre des bonnes actions de ma vie. *Fais ce que tu dois, arrive ce que tu pourra.* Pour avertir la France qui me paraît en péril, pour la réveiller au bord de l'abime, il m'a fallu ne rien calculer. Obligé de tout dire, de heurter de front bien des hommes, de froisser bien des intérêts, je me suis résigné à tout. J'ai cru voir le salut de la patrie, comme je le disais à la chambre des pairs, dans l'union des anciennes mœurs et des formes politiques actuelles, du bon sens de nos pères, et des lumières du siècle, de la vieille gloire de Duguesclin et de la nouvelle gloire de Moreau; enfin dans l'alliance de la religion et de la liberté fondée sur les lois : si c'est là une chimère, les cœurs nobles ne me la reprocheront pas.

POST-SCRIPTUM.

La chambre des députés est dissoute. Cela ne m'étonne point; c'est le système des intérêts révolutionnaires qui marche : je n'ai donc rien à changer à cet écrit. J'avais prévu le dénoûment, et je l'ai plusieurs fois annoncé. Cette mesure ministérielle sauvera, dit-on, la monarchie légitime. Dissoudre la seule assemblée qui depuis 1789 ait manifesté des sentimens purement royalistes, c'est à mon avis une étrange manière de sauver la monarchie.

On a vu au chapitre VI la doctrine constitutionnelle sur les ordonnances dans la monarchie représentative. Sous l'ancien régime une ordonnance du roi était une loi, et personne n'avait le droit de la discuter. Dans notre nouvelle constitution, une ordonnance n'est forcément qu'une mesure des ministres : tout citoyen a donc le droit de l'examiner; et ce qui est un droit pour chaque citoyen est un devoir pour les pairs et pour les députés. Si une ordonnance mettait la France en péril, les chambres pourraient en accuser les ministres. Ceux-ci sont donc les véritables auteurs de ces ordonnances, puisqu'ils peuvent être poursuivis pour ces ordonnances.

Je vais donc, conformément à la raison et aux principes constitutionnels, examiner sans scrupule l'ordonnance du 5 septembre.

Les ministres, dans le considérant, rappellent ces sages paroles de l'admirable discours du roi à l'ouverture de la dernière session : « Aucun de nous ne doit oublier qu'auprès de l'avantage d'améliorer, est le danger d'innover. »

Il peut paraître d'abord un peu singulier que les ministres aient cité cette phrase; car sur qui le reproche d'innovation tombe-t-il? Ce n'est pas sur la chambre, qui n'a rien innové: c'est donc sur l'ordonnance du 13 juillet 1815, qui avait changé quelques articles de la Charte. C'est donc une querelle d'ordonnance à ordonnance, de ministère à ministère?

Les ministres, qui ont lu le discours du roi (puisqu'ils en citent une phrase dans l'ordonnance du 5 septembre), n'ont-ils point lu, dans ce même discours, ce passage si remarquable? « Messieurs, c'est pour dou-

» ner plus de poids à vos délibérations, c'est pour
» en recueillir moi-même plus de lumières que j'ai créé
» de nouveaux pairs, et que le nombre des députés des
» départemens a été augmenté. »

Puisqu'ils ont également oublié le considérant de l'ordonnance du 13 juillet 1815, je vais le leur remettre sous les yeux.

« Nous avions annoncé que notre intention était de
» proposer aux chambres une loi qui réglât les élec-
» tions des députés des départemens. Notre projet était
» de modifier, conformément à la leçon de l'expérience
» et au vœu bien connu de la nation, plusieurs ar-
» ticles de la Charte touchant les conditions d'éligi-
» bilité, le nombre des députés, et quelques autres
» dispositions relatives à la formation de la chambre,
» à l'initiative des lois et au mode de ses délibéra-
» tions.

» Le malheur des temps ayant interrompu la session
» des deux chambres, nous avons pensé que mainte-
» nant le nombre des députés des départemens se trou-
» vait, par diverses causes, beaucoup trop réduit pour
» que la nation fût suffisamment représentée ; qu'il im-
» portait surtout, dans de telles circonstances, que la
» représentation nationale fût nombreuse, que ses pou-
» voirs fussent renouvelés, qu'ils émanassent plus di-
» rectement des colléges électoraux ; qu'enfin les élec-
» tions servissent comme d'expression à l'opinion ac-
» tuelle de nos peuples.

» Nous nous sommes donc déterminés à dissoudre
» la chambre des députés et à en convoquer sans dé-
» lai une nouvelle ; mais le mode des élections n'ayant
» pu être réglé par une loi, non plus que les modi-
» fications faites à la Charte, nous avons pensé qu'il
» était de notre justice de faire jouir dès à présent la
» nation des avantages qu'elle doit recueillir d'une re-
» présentation plus nombreuse et moins restreinte dans
» les conditions d'éligibilité : mais voulant cependant
» que, dans aucun cas, aucune modification à la
» Charte ne puisse devenir définitive que d'après les
» formes constitutionnelles, les dispositions de la pré-
» sente ordonnance seront le premier objet des déli-

« bérations des chambres. Le pouvoir législatif dans
» son ensemble statuera sur la loi des élections, sur
» les changemens à faire à la Charte dans cette partie,
» changemens dont nous ne prenons ici l'initiative que
» dans les points les plus indispensables et les plus
» urgens, en nous imposant même l'obligation de nous
» rapprocher, autant que possible de la Charte et des
» formes précédemment en usage. »

Que de choses dans les motifs de cette ordonnance !
Les ministres qui l'ont faite disent : Qu'ils faut modifier plusieurs articles de la Charte, conformément à *la leçon de l'expérience* et *au vœu bien connu de la nation*; ils assurent que le nombre des députés des départemens se trouve, par diverses causes, *beaucoup trop réduit*, pour que la nation *soit suffisamment représentée*; ils prétendent qu'il est important que *la représentation nationale soit nombreuse*; que les élections *servent comme d'expression à l'opinion de la France*. Enfin, insistant sur le même principe, ils déclarent que bien que le mode des élections n'eût pu être encore réglé par une loi, il était de la justice de faire jouir dès à présent la nation *des avantages qu'elle doit recueillir* d'une représentation *plus nombreuse* et moins *restreinte* dans les *conditions* de l'éligibilité.

Tout cela était vrai, il y a à peine un an; ce n'est donc plus vrai aujourd'hui ? *Le vœu bien connu de la nation* a donc changé ? *La leçon de l'expérience et le vœu* BIEN CONNU *de la nation* demandaient alors la révision de quelques articles de la Charte ; et à présent les ministres nous disent que *les vœux* et *les besoins* des Français sont pour conserver *intacte* la Charte constitutionnelle ! Il fallait au moins changer les mots. Que penser lorsqu'on voit des hommes qui avaient applaudi avec transport à la première ordonnance, applaudir avec fureur à la seconde ? On s'est donc trompé lorsqu'on a cru que le nombre des députés des départemens était *beaucoup trop réduit* ? La nation, composée de vingt-quatre millions d'habitans, sera donc suffisamment représentée par deux cent cinquante députés ? Les départemens de la Lozère, des Hautes et Basses-Alpes, par exemple, qui n'auront qu'un seul député à la chambre, seront-ils pleinement satisfaits ? Si nous changeons de ministres tous les ans, aurons-nous d'année en année un nouveau mode d'élection? Qui m'assure que les ministres de l'année prochaine ne trouveront pas encore la représentation de cette année trop nombreuse? Une centaine de leurs commis (toujours légalement assemblés) ne leur paraîtront-ils pas former une chambre plus convenable, et plus dans les intérêts de la France? On s'en tiendra désormais à la Charte, me dira-t-on, Dieu le veuille: c'est tout ce que je demande. Mais je ne suis pas du tout tranquille. En vertu de l'article 14 de la Charte, qui donne au roi le *pouvoir de faire les réglemens et ordonnances nécessaires pour l'exécution des lois et la sûreté de l'état*, les ministres ne pourront-ils pas voir la sûreté de l'état partout où ils verront la sûreté de leurs places? Il y a tant de constitutionnels qui veulent gouverner aujourd'hui avec des ordonnances, qu'il est possible qu'un beau matin toute la Charte soit confisquée au profit de l'article 14.

J'entends bien que si, par la nouvelle ordonnance, on avait pu convoquer une chambre nouvelle sans violer un seul article de la Charte, on eut du moins un prétexte pour masquer un intérêt. Mais l'ordonnance du 5 septembre est aussi en contradiction avec un article fondamental de la Charte.

L'article 35 dit: « La chambre des députés sera composée des députés élus par les colléges électoraux, dont l'organisation sera déterminée par des lois. »

Or, ces lois n'ont point été faites; les colléges électoraux, tels qu'ils existent aujourd'hui, ne sont point légaux: Chose bizarre! on détruit la moitié de l'ordonnance du 13 juillet, sous prétexte qu'elle viole les principes de la Charte, et on laisse subsister dans cette ordonnance ce qu'il y a de plus contraire à la Charte. Car enfin ce sont les colléges électoraux qui nomment les députés, et les colléges actuels ne sont point dans la Charte. Bien plus ces colléges formés autrefois par Buonaparte n'avaient par le droit d'élire des députés. Ils nommaient seulement des candidats, et le sénat choisissait parmi ces candidats les membres du corps législatif. Ainsi l'ordonnance du 5 de ce mois, ni plus ni moins que l'ordonnance du 31 juillet 1815; non-seulement viole l'article 35 de la Charte, mais attribue encore à des collèges illégaux des pouvoirs que ces collèges n'avaient même pas sous Buonaparte ; elle blesse à la fois la nouvelle et l'ancienne loi.

Ainsi donc pour ne faire qu'un ouvrage irrégulier, et qui blesse également cette Charte à laquelle on prétend nous rappeler, on remet encore en question le sort de notre malheureuse patrie ; on joue encore notre destinée sur une carte. On frappe le crédit public que toute secousse alarme et resserre ; on donne à nos institutions une instabilité effrayante ; et par la contradiction des ordonnances, on compromettrait la majesté du trône, si le sceptre n'était aux mains d'un de ces rois qui d'un seul regard rétablissent l'ordre autour d'eux, et dont le caractère est la sagesse, le calme et la dignité même.

Depuis vingt-cinq ans la France n'a pu avoir un moment de repos ! Jamais un homme n'a pu se dire, je ferai telle chose demain. Un mauvais génie va toujours troublant l'avenir, et ne laissant rien devant nous. Que sortira-t-il de ces élections où les passions peuvent être émues, où les partis vont se trouver en présence ? Fatale prévoyance ! Je disais à la chambre des pairs, au sujet de la loi des élections, dans la séance du 3 avril : « Une ordonnance, Messieurs,
« a pu suffire au commencement de la présente ses-
« sion, parce qu'il y avait *force majeure*, parce que
« les événemens *commandaient* ces mesures extraordi-
« naires que l'article 14 de la Charte autorise dans
« les temps de dangers. Mais aujourd'hui quelle né-
« cessité si violente justifierait un pareil coup d'État?......
« Vous sentez-vous assez de courage, Messieurs, pour
« prendre sur votre responsabilité tout ce qui peut
« arriver dans l'intervalle d'une session à l'autre,
« dans le cas où vous repousseriez la loi d'élection?
« Ah si par une fatalité inexplicable des collèges il-
« légaux convoqués par une ordonnance illégale, al-
« laient nommer des députés dangereux pour la
» France, quels reproches ne vous feriez-vous point!
« Pourriez-vous entendre le cri de douleur de votre
« patrie? pourriez-vous ne pas craindre le jugement
« de la postérité ? «

18

Ce discours que je tenais aux pairs de France, je l'adresse aujourd'hui aux ministres : qu'ils voient la consternation des honnêtes gens, le triomphe des révolutionnaires, et je les faits juges eux-mêmes de ce qu'ils ont fait. Si une fille sanglante de la Convention allait sortir des collèges électoraux, ne regretteraient-ils point cette chambre qui a pu contrarier leur systèmes, mais où se rencontrait l'élite des vrais Français, où se trouvaient des hommes qui en partageant jadis l'exil du roi, avaient retenu quelque chose des vertus de leur maître! Les ministres apprendraient alors à leurs dépens, et malheureusement à ceux de la France, que leurs prétendus amis sont moins faciles à conduire que leurs prétendus ennemis ; ils verraient s'il est plus commode d'avoir affaire à une assemblée d'ambitieux révolutionnaires, qu'à une chambre dont le roi regardait es députés comme un bienfait de la Providence.

Et si les révolutionnaires ne dominent pas tout-à-fait dans la nouvelle chambre, les ministres n'ont-ils point à craindre qu'une assemblée divisée en deux partis violens, ne présente à l'Europe le spectacle, et promette les résultats d'une diète de Pologne!

Vous la dissoudrez encore; quoi, tous les mois de nouvelles élections! Vous voulez donc absolument donner raison à ceux qui ne veulent pas de la Charte!

Enfin, si la nouvelle chambre n'est composée que d'hommes nuls et passifs, incapables, si l'on veut, de faire le mal, mais incapables aussi de l'arrêter ; si cette chambre devenait l'instrument aveugle de la faction qui poussa à l'illégitimité, je demande encore ce que deviendrait notre malheureuse patrie ?

Quels motifs impérieux ont donc pu porter les ministres à avoir recours à la prérogative royale? Quel avantage peut balancer les inconvéniens de toutes les sortes que présente dans ce moment la convocation des collèges électoraux? Rentrer dans les termes de la Charte est un chose bonne en soi, mais j'ai montré qu'on n'y rentrait pas. Voci la grande raison pour laquelle on met encore la France en loterie : on a crainte que la chambre, à son retour, n'éclairât la couronne sur les dangers des systèmes que l'on suit.

Toutefois, que les bons Français ne perdent point

courage; qu'ils ne se retirent point; qu'ils se présentant en foule aux élections. Ils auront sans doute à vaincre bien des obstacles; il leur faudra lutter contre la puissance d'un parti qui ne prend même pas la peine de dissimuler ses intentions. Qu'ils ne soient point abbattus, si l'on crée autour d'eux une défaveur momentanée, une opinion factice. S'ils lisent dans les journaux de grands articles à la louange de la dissolution de la chambre, qu'ils se rappellent que la presse n'est pas libre, qu'elle est entre les mains des ministres, que ce sont les ministre qui ont fait dissoudre la chambre, et qui font les journaux. S'ils remarquent la hausse des fonds, qu'ils sachent que le jour où l'ordonnance du 5 fut publiée, on fit faire un mouvement à la bourse. Un agioteur osa s'écrier : « Les brigands ne reviendront plus ! » Il parlait de députés..

Ce n'est pas à des royalistes que je prêcherai le désintéressement. Je ne leur dirai rien des places que l'on pourra leur promettre. Mais qu'ils se mettent en garde contre une séduction à laquelle il nous est si difficile d'échapper ! On leur parlera du *roi* de sa *volonté*, comme on en parlait aux chambres. Les entrailles françaises seront émues, les larmes viendront aux yeux; au nom du roi on ôtera son chapeau, on prendra le billet présenté par une main ennemie, et on le mettra dans l'urne. Défiez-vous du piège. N'écoutez point ces hommes qui, dans leur langage, seront plus royalistes que vous : sauvez le roi ! *quand même*.

Voilà les conseils que j'ose donner à ceux de mes concitoyens qui pourraient ignorer ce qui se passe, et laisser surprendre leur foi. Je ne fais point porter cet écrit par des messager secrets, je le publie à la face du soleil. Je n'ai aucune puissance pour favoriser mes *intrigues*, hors celle que je tire de ma conscience et de mon amour pour mon roi. Grâces à Dieu, je n'ai encore manqué aucune occasion périlleuse, quand il s'est agi du sang ou des intérêts de mes maîtres.

Français, si ma voix ne vous est point étrangère; si je vous fis quelquefois entendre les accens de la religion et de l'honneur, écoutez-moi : présentez-vous aux élections. Le salut ou la perte de votre pays sont peut-être attachés aux choix que vous allez faire. Ne nommez que des hommes dont la vertu, la fidélité et les sentimens français vous soient connus. Qu'ils viennent alors, ces députés chers à la patrie ; qu'ils viennent mettre aux pieds du roi leur respect, leur dévouement et leur amour; et que, dignes de leur victoire par leur modération, ils disent aux ministres : « Nous ne sommes point vos ennemis; mais renoncez à des systêmes qui perdront le roi et la France! »

TABLE

DES CHAPITRES.

Préface.	iij
Chapitre premier. Exposé.	1
— II. Suite de l'Exposé.	2
— III. Elémens de la Monarchie représentative.	3
— IV. De la prérogative royale. Principe fondamental.	3
— V. Application du Principe.	4
— VI. Suite de la Prérogative royale. Initiative. Ordonnance du Roi.	
— VII. Objections.	7
— VIII. Contre la proposition secrète de la loi.	8
— IX. Ce qui résulte de l'initiative laissée aux Chambres	9
— X. Où ce qui précède est fortifié.	10
— XI. Continuation du même sujet.	11
— XII. Question.	12
— XIII. De la Chambre des Pairs. Priviléges nécessaires.	13
— XIV. Substitutions : qu'elles sont de l'essence de la Pairie.	14
— XV. De la Chambre des Députés. Ses rapports avec les Ministres.	16
— XVI. Que la Chambres des Députés doit se faire respecter au dehors par les Journaux.	18
— XVII. de la Liberté de la Presse.	18
— XVIII Que la Presse entre les mains de la Police rompt la balance constitutionelle.	19
— XIX. Continuation du même sujet.	19
— XX. Dangers de la Liberté de la Presse. Journaux. Lois fiscales.	21
— XXI. Liberté de la Presse par rapport aux Ministres.	22
— XXII. La Chambre des Députés ne doit pas faire le Budjet.	24
— XXIII. Du Ministre sous la Monarchie représentative. Ce qu'il produit d'avantaheux. Ses changemens forcés.	25
— XXIV. Le Ministres doit sortir de l'opinion publique et de la majorité des Chambres.	26

— XXV. Formation du Ministère : qu'il doit être un. Ce que signifie l'Unité ministérielle. 27
— XXVI Que le Ministre doit être nombreux. 28
— XXVII. Qualités nécessaires d'un Ministre sous la Monarchie constitutionnelle. 28
— XXVIII. Qui découle du précèdent. 29
— XXIX. Quel homme ne peut jamais être Ministre sous la Monarchie constitutionnelle. 30
— XXX. Du Ministère de la Police. Qu'il est incompatible avec une constitution libre. 31
— XXXI. Qu'un Ministre de la Police générale dans une Chambre des Députés, n'est pas à sa place. 32
— XXXII. Impôts levés par la Police. 32
— XXXIII. Autres actes inconstitutionnels de la Police. 33
— XXXIV. Que la Police générale, n'est d'aucune utilité. 34
— XXXV. Que la Police générale, inconstitutionnelle est inutile, est de plus très-dangereuse. 35
— XXXVI. Moyen de diminuer le danger de la Police générale, si elle est conservée. 36
— XXXVII. Principe que tout Ministre constitutionnel doit adopter. 38
— XXXVIII. Continuation du même sujet. 38
— XXXIX. Que le Ministère doit conduire ou suivre la majorité. 41
— XL. Que les Ministres doivent toujours aller aux Chambres. 42
— XLI Que depuis la restauration une même erreur a été suivie par les trois Ministères. 43
— XLII. Du premier Ministère. Son esprit. 43
— XLIII. Actes du premier Ministère. 46
— XLIV. Du second Ministère. — Sa formation. 47
— XLV. Suite du précédent. 47
— XLVI. Premier projet du second Ministère. 49
— XLVII Suite du premier plan du second Ministère. 50
— XLVIII. Renversement du premier plan du second Ministère. 51
— XLIX. Division du second Ministère. 53
— L. Actes du second Ministère, et sa chûte. 54
— LI. Du troisième Ministère. Ses Actes. Projets de lois. 55
— LII. Quels hommes ont embrassé les systèmes que l'on va combattre, et s'il importe de les distinguer. 57
— LIII. Système capital, fondement de tous les autres Systèmes suivis par l'Administration! 58

— LIV. Qu'avec ce Système on explique toute la marche de l'Administration. 58
— LV. Erreur de ceux qui soutiennent le Système des intétérêts révolutionnaires! 60
— LVI. Ce qu'il faut faire en admettant la distinction notée au précédent Chapitre.. 61
— LVII. Exemple à l'appui de ce qu'on vient de dire. 61
— LVIII. Continuation du même sujet. 62
— LIX. Que le Système des intérêts révolutionnaires, pris à la fois dans le sens physique et moral, mène à cet autre Système, savoir : qu'il n'y a point de Royalistes en France. 64
— LX. Que les Royalistes sont en majorité en France. 65
— LXI. Ce qui a pu tromper les Ministres sur la véritable opinion de la France. 66
— LXII. Objection réfutée. 67
— LXIII. Que s'il n'y a pas des Royalistes en France, il faut en faire. 69
— LXIV. S. ne sur la Chambre actuelle des Députés. 70
— LXV. Réfutation. 71
— LXVI. Conseil des Départemens. 73
— LXVII. Que l'opinion même de la minorité de la Chambre des Députés n'est point en faveur du Système des intérêts révolutionnaires. 75
— LXVIII. De rnie fait qui prouve que les intérêts ne sont pas révolutionnaires en France. 76
— LXIX. Qu'on ne fait pas des Royalistes par le Système des intérêts révolutionnaires. 77
— LXX. Des Epurations en général. 78
— LXXI. Que les Epurations partielles sont une injustice. 80
— LXXII. Sur l'incapacité présumée des Royalistes, et la prétendue habileté de leurs adversaires. 82
— LXXIII. Danger et fauseté de l'opinion qui n'accorde d'habileté qu'aux hommes de la révolution. 84
— LXXIV. Que le Système des intérêts révolutionnaires, amenant indirectement le renversement de la Charte, menace de destruction la Monarchie légitime. 84
— LXXV. Qu'il y a conspiration contre la Monarchie légitime. 86
— LXXVI. Doctrine secrète cachée derrière le Système des intérêts révolutionnaires. 86
— LXXVII. But et marche de la conspiration. Elle dirige ses premiers efforts contre la Famille Royale. 88

— LXXVIII La conspiration se sert du Système des intérêts révolutionnaires pour mettre ses agens dans toutes les places. 90
— LXXIX. La Faction envahit toutes les places. 92
— LXXX. La Guerre. 93
— LXXXI. La Faction poursuit les Royalistes. 94
— LXXXII. Suite du précédent. 95
— LXXXIII. Ce que l'on se propose en persécutant les Royalistes. 96
— LXXXIV. La Faction poursuit la Religion. 98
— LXXXV. Haine du parti contre la Chambre des Députés. 102
— LXXXVI. Politique extérieure du Système des intérêts révolutionnaires. 105
— LXXXVII Est-il un moyen de sauver la France? 110
— LXXXVIII. Principes généraux dont on s'est écarté. 111
— LXXXIX. Système d'administration à substituer à celui des intérêts révolutionnaires. 111
— XC. Développement du Système : comment le clergé doit être employé dans la restauration. 113
— XCI. Comment la noblesse doit entrer dans les élemens de la restauration. 118
— XCII. Continuation du précédent. Qu'il faut attacher les hommes d'autrefois à la Monarchie nouvelle. Eloge de cette Monarchie. Conclusion. 119
POST-SCRIPTUM. 128

FIN DE LA TABLE.

www.ingramcontent.com/pod-product-compliance
Lightning Source LLC
Chambersburg PA
CBHW060141100426
42744CB00007B/849